那些傷人的話 都不是真的

水島廣子 著　　呂丹芸 譯

「他人の目」が気になる人へ：自分らしくのびのび生きるヒント

みずしま　ひろこ

前言

你曾這樣想過嗎？如果可以不在乎他人的眼光，用自己的方式悠閒自在地生活該有多好。

「不在意他人眼光」這句話給人很有自信的感覺，不矯揉造作、不管旁人怎麼想，都不會動搖自己的信念。如果真的可以這樣就好了呢。

但實際上絕大多數的人都過著「在意他人眼光」的日子。

從小時候開始，身旁的大人就一直告誡我們：「你這樣做的話，別人會怎麼想？」。而在日常生活中常使用的「可愛」、「漂亮」、「醜女」、「帥哥」、「身材很好」、「肥豬」、「會打扮」、「有品味」、

「好俗氣」、「好帥」、「好噁心」等詞彙，全部都是「別人怎麼看我」的表達方式。

「很聰明」、「工作能力很強」其實也是同樣道理。乍看是在形容能力，但實際上也是「別人是否覺得我很聰明」、「是否覺得我工作能力很強」，在意「別人眼中」自己的形象。

「面子」也是一樣的。所謂的「好丟臉」，就是「別人對我的想法變得一塌糊塗」，因此問題核心依舊是「他人眼光」。

除了精神科醫師的工作之外，經由演講或參與志工活動等機會，讓我接觸到非常多人，所以能深切地感受到大家因為在意「他人眼光」而痛苦。

本書之後會稍微提到，我的專業領域其中一樣是治療飲食障礙，通常罹患這種疾病的患者，都極度在意旁人對自己身材的看法。此外本書也會概略地介紹那些因「他人眼光」而導致的疾病。必須說明的是，這些患者不過是冰山一角，就算是看起來再普通不過的學生或社會人士，也有非常多人受困於「別人怎麼看我」。

被「他人眼光」束縛，不僅僅是讓自己痛苦而已。

所謂的在意「他人眼光」，看起來好像是很重視他人意見，但實際上他們只看得見自己。因為所謂的「人家怎麼看我」，其實只是專注於自己身上罷了。

只能想到自己的事，副作用就是會傷害到和其他人的關係。人類是靠著他人的支撐才能活下去的，所以在意「他人眼光」而使人際關係變差，是很嚴重的一個問題。

本書想希望能以全方位的角度來看待「他人眼光」的困擾，目標是讓在意他人眼光的我們能得到真正想要的事物，以及不要因為「他人眼光」而受到局限。希望透過本書，讓我們思考如何和其他人產生真正意義上的連結、以及如何才能過著更好的人生。

應該沒有人是完全不在乎他人眼光的吧？

就算有人強烈地認為「我才不在意別人怎麼看我呢」，但還是會有「我看起來才不在意呢」這種被「他人眼光」牽制的時候。這些人有點像是在逞強。

此外，即使平常沒那麼在意他人目光的人，有時還是會因為某些因素而變得非常在意。關於這一點在之後也會提到。

我希望這本書能盡量幫助到所有人。

目錄

二、治癒無所不在的「小創傷」

三、自信不是「培養」出來的

四、遠離惱人的人際，找回你的「感受」

五、擺脫那些喜歡評價你的人

六、利用三個「連結」改變敏感的自己

七、與自己外表相處的方法（案例探討）

八、因為在意「他人眼光」而變得綁手綁腳（案例探討）

九、找回「不在意他人眼光」的快樂人生

第一章

為什麼會在意「他人眼光」？

在意「他人眼光」的原因來自於受到「小創傷」

絕大多數的人都會在意「別人怎麼看我」，只是在意的程度因人而異。

「十分在意」和「不那麼在意」的人，兩者有著顯著的差別。

是什麼原因造成這種差別呢？

很在意「他人眼光」的人，其共通點就是身邊有許多愛批評的人、容易擔心的人或管太多的人。

「你這樣做，別人會怎麼想？」

「你怎麼這麼沒用？」

「那個某某比你強多了。」

「為什麼不能做得再好一點？」

「都是你害的，事情才會變成這樣。」

類似這種話語，都是從比較親近的人口中說出來的。

我們從小就活在各種評價之中，像是「乖孩子」、「壞孩子」、「很會念書」、「體育很好」、「很笨」、「沒用」、「很溫柔」、「很壞」、「身材很好」、「很胖」等等，在各種方面被人所議論。

而負面的評價是很傷人的。

在日常生活中因為負面評價而覺得受傷，我稱之為「小創傷」（醫學上所謂的「創傷」，是以經歷悠關性命般的衝擊為前提，但在日常生活中就算被人說「你很胖」也不會危及性命，所以為了與原本的「創傷」做區別，本書將這種創傷稱為「小創傷」）。

每個人都可能會有「小創傷」，但有些人是在充斥著「小創傷」的環境下長大的（依照情況不同，也有可能成為真的「創傷」）。

也有人身邊充斥著會帶來「小創傷」的人。

在這樣的環境下成長，人因為無法安心呈現原本的自我，當然就會認為「所謂的他人是評價及傷害自己的存在」。

為了不被傷害，變得很在意「他人的眼光」。

就算周遭的人沒有直接帶來「小創傷」，但如果一直被提醒：「你這樣做別人會怎麼想？」那麼你自然也會將他人定義為可能傷害或評價自己的存在。

體驗過無數「小創傷」的人，因為在成長過程中一直吸收對自己的負面評價，當然沒有自信，認為他人的存在就是負面或有攻擊性的。為了不被傷害——也就是為了不想被別人貼上負面標籤，會掉入「在意他人眼光」的漩渦中。

這個漩渦是以「他人是評價及傷害自己的存在」為核心。如果想從這個漩渦中掙脫，首先要做的就是重新修正這個認知。

POINT

在意「他人眼光」的人，認為別人是「評價及傷害自己的存在」。

越在意「他人眼光」就會越沒自信

在第三章時我會詳述「在意『他人眼光』的心情」和「自信」有很密切的關聯。

有自信的人，一定不會在意別人怎麼看待自己；正是因為沒有自信，才會在乎別人的眼光。因此越是在意「他人眼光」，會越缺乏自信。

我來說明一下這是怎麼回事。

所謂的在意「他人眼光」，就是把自己當成了「砧板上的魚肉」，也就是說把別人對自己的評價全部視為自身的價值。

把自己視為「砧板上的魚肉」，實在是件非常無力的事。因為一旦如此，就不會產生自信。

也許你會因為旁人對你做出正面評價而感覺良好，但只要評價的主體是旁人，那就不是真的。在得到好的評價之後，你反而會產生「下一次也要得到好評價」的壓力，而且如果出現了「比自己還優秀的存在」，對方的注意力就會轉移走了。

「砧板上的魚肉」無法控制一切，只能對評價拚命忍耐，是相當無力的存在。

POINT

只要你全盤接受旁人的評價，變成「砧板上的魚肉」，就不會產生自信。

別人對你做出的評價，只是「他認為的你」

如果視別人的評價為絕對的存在，看似會產生自信。因為若是這個世上有所謂的「完美體態」，那只要做到，就可以產生信心，不必在意旁人的目光了吧；只不過那個「完美體態」，必需要能永遠保持。

但實際上卻完全相反。你「瘦身三公斤」，達成了減肥的目標，原本不能穿的衣服都穿得下了，這很讓人開心，而且你還感到自信油然而生；然而一走出戶外，「比自己還瘦的人」、「比自己身材好的人」比比皆是。

於是你的自信就消失殆盡了。

因為現實生活裡，不可能沒有「比自己身材更好的人」，所以「只要身材變好就會有自信」這條路不會有盡頭。

再加上為了要維持纖瘦的體型而勉強減肥，往往是不持久的。一般來說，人可以維持三周左右的飢餓狀態，因此只要稍不留神就會復胖。

如此一來，就會產生「非得再減肥不可」的無止盡努力，簡直就像是在輸送帶上持續逆行一樣。

其他像是時尚品味或化妝、自己的人際關係或言行等等，基本構造都是相同的。

不管哪一種自信，都只存在於「更好的人事物」出現前的短暫瞬間，非常不安定。

就算自己對品味或妝容有一定的標準，但只要看到比自己還優秀的人，就會失去信心。

流行是日新月異的，所以如果不能一直精進，就會跟不上潮流。

就算覺得自己的交往對象完美無瑕，但仍然會忍不住跟別人的伴侶比較，對自己的選擇感到懷疑。

總是非常在意自己說的話語、回覆簡訊的時機是不是適切。

有時在這個場合十分得體的話，但到了另一個場合卻會掃了大家的興；對這個人來說也許是恰好的回訊時間，但對另一個人而言卻可能會覺得太慢。

只要這些事情做得不夠「完美」，得到的評價就不會穩定，因而得不到真正的自信。

就算是考取證照或追求高分這種看起來是「絕對性」的東西，也會因為每個人對這個證照或分數的接受程度而異。

就算取得某張證照而產生「做得好」的自信，但很快地，只要看到別人取得「更好的」證照，就會覺得自己微不足道；即使是擁有同樣證照的人，你也會忍不住煩惱「那個人看起來比較優秀」。

這可以說是「他人眼光」中最痛苦的一點了。

別人的評價再怎麼樣都只是「相對評價」，而且也只是「他認為的你」而已。

只要出現比自己好的人，就失去了自信；就算有人誇讚你，但只要其他人對你有所批評，你就自信全無。

沒有什麼是比別人所下的評論更不安定的東西了。

這種不安定甚至超越了「別人怎麼看自己」，會不停產生「對方該不會覺得我很○○吧」這種強迫性的觀念，變得更加永無止盡。

因為無法讀取到他人心中的想法，因此若想要真正放心，就必須從對方的表情或動作來努力揣測心意，也因此產生下列念頭：「對方該不會覺得我很○○吧？」「表面上稱讚我，但內心可能覺得△△吧？」想法就像這樣和強迫觀念連結在一起了。

POINT

如果把別人的評價當成行為標準，就不會得到真正的安心。

在意「他人目光」，會對自己越來越嚴苛

如果你很在意他人眼光，而且以此為重心，那麼「砧板上的魚肉」現象就會越來越嚴重。

你會努力地塑造自己的形象，然後等待對方的評價。只要有一點不穩定的要素出現，就會開始思考自己是不是需要調整形象。

接著就是再度等待對方的評價。

這種生存之道非常疲憊，而且會漸漸地失去力氣。

這是因為只是為了迎合別人目光而改變自己，會變得只能專注於自己的不足之處。

如果不先審視自己的缺點，就沒辦法預先發現別人對你的指謫；但這種做法卻導致自己成了比誰都還嚴格的評價者。

這樣的檢查永無止盡，就算已經改善，但你的目光還是會轉移到「這裡還做得不夠好」的地方，完全就是看不到出口的「漩渦」。

這種沒有出口的「漩渦」，也可以從它的構造本身看得出來。

我們為了想要產生自信，所以希望別人給予我們正面評價；同時我們也知道，只要有了自信，就不會太過在意他人。

也就是說，越是在乎「他人的眼光」，就越會接觸到自己沒有自信的一面。

因為想要產生自信而在意「他人眼光」，然而每當在意時就會立刻感受到「沒自信的自己」……這樣的循環是找不到出口的。

其實只要冷靜下來想一想，就可以理解問題所在；但若受限於「得到別人的正面評價就可以擁有自信」，就很難跳脫出這個觀念。

所以你才沒有察覺自己已經陷入沒有出口的漩渦，還一直為了符合別人的評價而改變自己，以為總有一天會抵達出口。

POINT

以「他人眼光」為生活重心者，會一直審視自己，陷入喪失自信的漩渦。

沒有得到正面評價，等於自己沒有價值？

若已經陷入了評價的漩渦，不單只是沒有出口這麼簡單。越是深陷其中，就越會被奪走自信，讓我們無能為力。

「對方該不會覺得我很〇〇吧，」如果你只是一直專注於自己的「不足之處」，自信就會漸漸喪失。而且只要處於「砧板上的魚肉」狀態，我們就會越來越無力。

產生漩渦的根本原因在於我們根深柢固地認為「別人不給我正面評價，我就沒有價值」。但是，這個想法是建立在「別人給了我正面評價，我就會有自信」的錯誤假設上。把自信建築在他人的評價，原始意義上就是任由他人宰割。

因此，想要解決「在意他人眼光」的心態，就需要理解自己真正的價值。

這裡有一點要注意的是，當「自己的價值」這個關鍵字出來時，很多人還是會想到錯誤的方向。比如許多人對「真正的價值」會定義為能力、性格，或是成就之類的。這也是一個很大的陷阱。不管是能力、性格還是成就，都是別人評價中的你。

「有能力」、「沒能力」。

「個性很好」、「個性很差」。

「有成就」、「沒成就」。

這些都是外界做出的判斷。

我們真正的價值，並非外界可以評判的東西。

真正的價值到底是什麼？在看完本書後就可以了解。

理解自己真正的價值，就可以連結到真正的自信。也就是說，我們的價值並不是藉由外界評價就可以生成的。

POINT

真正的「自我價值」，不是外界可以輕易評價的。

「評價」本身也是一種暴力

那麼，所謂的「評價」到底是什麼呢？

當我們看見某個事物，會將它轉化成自己能理解的東西。

身為生物，我們會一直確保自己的安全。

若是有奇怪的東西出現在眼前，我們必須理解它並做出定義；因此當無法確保自己的安全時，會讓我們不安。

嘗試去轉化眼前的異物，就是「評價」。

若評斷是「好的東西」，我們就會安心；若評斷是「壞的東西」，我們就會嫌惡它；若評斷是「危險的東西」，則會與它保持距離。

此外，若評價是「比自己還優秀的」，我們會尊重它；若評價是「不如自己」，我們就會輕視它。

身為生物這是理所當然的事，所以評價並不是什麼壞事。

然而，當忘記了評價是很「個人觀點」的事時，問題就會產生了。其實，所謂的評價是建立在「個人」的認知上，並且是由「個人」所做出的判斷。

同樣的東西從另一個人的角度來看，則會換成另一個人的認知，由另一個人做出判斷，因此也可能會得到完全迥異的評價。

所以，評價是非常主觀的事物。

但即便如此，還是有許多人不由自主地認為它是唯一絕對的真理，而強行套用到別人身上。

這可以說是一種暴力。因為每個人都擁有只有自己才知道的背景和過去，我們不應無視這些狀況，強制將自己的標準套用在他人身上。

評價含有暴力的性質，所以一定會有人因為評價而受傷，造成「小創傷」。

POINT

所謂的評價，含有無視對方狀況的「獨斷」及「強制」的暴力性質。

就算是正面的評價，也潛藏著暴力性質

看到這裡，或許有的人會覺得：「我並不怕受傷，只是想得到別人的認同而已。」

每個人追求的不盡相同，有些人會想要得到認同、稱讚這種「評價」。

但其實它的構造也是差不多的。

非要別人的認同、非要得到別人的讚美不可，其實這就是沒有自信的自己。雖然對「受到傷害」不會感到膽顫心驚，但沒有得到讚美的話，就會覺得受傷。

但是，為什麼一定要得到別人的稱讚不可呢？那是因為自己一直生活在被評價的日子裡。

總是以他人的評價為基礎來判斷自己：

「做得很好。」

「這樣很好。」

因此只要別人不稱讚你，你就會因為不曉得自己是否沒問題而感到不安，或是覺得自己很沒用。

此外，所謂的暴力，並非僅限於負面的評價。即使是稱讚性質的正面評價，也是一種暴力。

打個比方，如果你的同事一直被別人稱讚「工作能力好強」，你應該也會感到不舒服吧。因為相對來說，就是你被別人評斷為做得不好的意思。

而當自己被稱讚「工作能力很強」時，雖然當下你會很開心，但也會造成「今後絕對不能失敗」的壓力。

有些沒自信的人甚至會覺得「如果別人知道真正的我是這樣，就不會認為我的工作能力強了」，因此很有可能會更加害怕別人知道「真正的自己」。

被人稱讚「變瘦了」的那一瞬間，雖然高興，但接著就會產生不安：「絕對不能變胖。」被人稱讚「好潮唷」，之後就會煩惱：「下次也要穿得好看。」因此正面的評價也是含有獨斷或限制等各種暴力性質的。

POINT

他人給予的認可和稱讚，在構造上和負面的評價是相同的。

「試著不去在意」反而更容易受傷

我們的確一直處於各種評價中，有些人會因為在意而受到傷害，有些人則不會。

一般來說，大家會認為「受傷的人是因為太過在意」。然而會被別人說「太在意」而努力嘗試不去在意的人，一定知道，「試著不在意」

根本是沒有用的想法。

為什麼會這樣？理由很簡單。

因為別人下了「太在意」這個評價，又會造成一個「小創傷」。

別人說你「太在意了」，你就會把人的定義強化成「果然他人會評價並傷害自己」啊，結果變得更加在意他人眼光。因此就算試著要「不在意」也無法順利；相反的，你還會注意到自己在別人眼中是「太過在意的人」。

另一方面，不在意他人評價者，則有不同的看法。

例如對於他人的評價，他們可以明確區分為：

「那只是他個人的見解而已。」

「他是他，我是我。」

這類型的人，在生長過程中便體會到每個人都有不同的看法。

然而在「小創傷」環境下長大的人、以及對於什麼觀念都是被強制灌輸的人而言，很難體會這樣的想法。

在別人對自己做出評價時，有些人會直接回應：

「事實不是你說的這樣。」

「你這樣說讓人很不舒服，可以不要這樣說嗎？」

這種人知道評價只是一時的、主觀的、可以修正的；就算不能修正，他也知道自己擁有拒絕的自由，會請對方不要再如此。

這也是因為這類型的人生長在平等的人際關係中，所以能夠自然地學到應對方式。

但對於一直處於「小創傷」環境的人而言，這是很難學到的一種態度。

如果能夠知道評價只是一時的、主觀的東西，對於「他人眼光」的感受也就會一直變化。由於知道「他人眼光」是基於對方主觀產生的相對評價，所以不會拘泥於「非得到好評價不可」。

因為他知道對方再怎麼評斷自己，也僅只是「對方」在「該時間點」的評價而已。

「對方」在「該時間點」的評價反映了對方當下的問題；而且根據我們自身的表現，評價也是可以被修正的。

但如果覺得評價是絕對性的東西，就會認為「對方對我的評價很差，一定是我自己的問題」，而陷入一定要讓自己更好的漩渦裡。

因此，在意或不在意「他人眼光」，本質上的差別就是對評價的想法吧。一旦別人說在意「他人眼光」是因為沒自信，你就會陷入要讓自己更好更有自信的無盡漩渦中；但若是知道了評價的本質，對應的方式也就能夠改變了。

POINT

理解評價只是「一時的、主觀的」的人，不會在意「他人眼光」。

那些傷人的話都不是「真相」

會對他人如何看待自己產生正面或負面的想法，決定因素並不是只有「自己是在什麼樣的環境下成長」而已。

有些人雖然對於「別人怎麼看我」非常在意，但是除此之外的事就完全不在乎。

舉例來說，對於某種疾病的知識，如果是該疾病的專業醫師所述，就會很認真的聽；但如果是門外漢隨便下的定論，則是聽過就忘。這兩者的意思是一樣的。

我們對於「普通的事」，通常都會知道「要聽誰的意見」。但是當非常時期，處於「不知道誰講的是真的」時，在匯聚了各種意見之後，反而會因為各式相左的訊息而陷入驚恐。

在意「他人眼光」的時候，也是同樣的狀態。

為什麼會變成這樣？這是因為「別人說了自己什麼」這件事，代表「自己的過錯被指出來了」，屬於「緊急事件」。就算實際上對方沒有講什麼，你也會認為「對方覺得我不好」，因而認定這是危險的「緊急事件」。

這個時候，我們就會接收全數的資訊。

尤其會特別注意帶有危險氣味的訊息。

這是因為我們想要應付各種危險的狀態，所以得到的資訊越危險，我們就會越在意。

因此十分在意「他人眼光」的人，特徵就是會把「別人所說的負面話語」當成「真相」。

本來「別人所說的負面話語」，只不過是那個人的個人言論，反映的是他個人且主觀的思維，並不是真相；但是當「對方會怎麼看待我」這種不安的情緒高漲時，我們自然就會產生「對方是不是覺得我不好」的強迫觀念。並且因為一直感到危險，注意力就只會集中在危險的訊息（對方所說有關自己的負面話語）上。

POINT

在意「他人眼光」時，由於無法做出正確的判斷，所以不可以把別人的話當成「事實」接收。

第二章

治癒無所不在的「小創傷」

先從實際感受人際關係開始

在前一章我曾提到因為在意「他人眼光」而喪失自信。喪失自信會讓人覺得十分難受，甚至還有一些人因而得到心理疾病。因此，我們來思考一下「小創傷」的治療方式吧。

在意「他人眼光」的疾病有飲食障礙（厭食症、暴食症）、社交恐懼症、身體畸形恐懼症（編註：罹患此病的患者會過度在意自己外貌的缺點）、憂鬱症等等。

我的專長是「人際關係療法」。無論是飲食障礙、社交恐懼症或是憂鬱症等，都是人際關係療法的專長領域。

所謂的人際關係療法，是一種很有趣的治療方式。

通常講到飲食障礙的治療，大家可能會把焦點放在進食方式或是對身材的感受上（實際上所謂的「認知行為療法」也是如此），但人際關係療法不會將焦點放在這上面。

又或者如果是社交恐懼症的話，可能會把焦點放在「在眾人面前會感到不安」上。認知行為療法的重點是控制不安，但人際關係療法則不是如此。

治療中會先進行的事，就是「不管症狀，實際去感受人際關係」。

這個「先不管症狀」的療法就是特別之處。

人際關係療法會明確地定義「疾病」。

例如飲食障礙，會把「想變瘦的心情」、「害怕變胖的心情」或是暴食等症狀視為「沒辦法的事」，讓自己不會被外在人際關係所影響。治療的視點會從「為什麼你要這麼在意身材呢」轉換成「因為你得到了會在意身材的疾病，這也是沒辦法的」，來觀察是什麼樣的壓力讓症狀惡化。

「你得到了會在意身材的疾病，這也是沒辦法的。」

「因為你得了一有壓力就會暴食的病，這也是沒辦法的。」

當周圍的人也可以站在上述立場為當事者著想，就能夠停止當事人增加責備自己的小創傷。

這種治療的詳細方式在我過往的著作中有寫到，整體而言，治療方式是把「人的價值是無法被其他人的評價所左右的」這個觀念，透過與人的交流讓病患實際感受，而不讓患者感覺被搬出了大道理叨念。

如果一直用講道理的方式來說明「價值」，但患者在現實中已經得到了會在意「他人眼光」病，反而會加重患者的自我厭惡，累積更多「小創傷」。

POINT

從「先別管症狀了」、「因為生病了所以也是沒辦法的」這兩點開始治療「小創傷」。

小辭典

飲食障礙（厭食症、暴食症）

厭食症的典型症狀是明明已經過瘦卻還是害怕體重增加。暴食症是不喜歡自己的體型而重複拒食↓暴食↓催吐的過程。無論是哪一種都會嚴重影響生活，是需要治療的疾病。

社交恐懼症

因為擔心自己在眾人面前出醜或做出丟臉的事，而選擇避開人。有些人會足不出戶，也有些人只有在對大眾講話時才會出現此症狀，有時這種疾病會讓患者痛苦到離職。

身體畸形恐懼症

明明長得不醜（或只是輕微的不好看），但卻堅信自己十分醜陋。有些人會反覆整型，但最後還是無法滿意。而且因為長時間不停地照鏡子而無法正常生活。

憂鬱症

憂鬱症患者與其說是「在意他人眼光」，倒不如說覺得自己是個無用的存在，只會給人帶來困擾、沒有生存價值。患者會失去力氣和希望，強烈地認為「自己很沒用」。憂鬱症患者常會同時患有其他心理疾病，覺得「反正我只是個造成大家麻煩的存在」而想要自殺。

認同「原本的自己」很重要

人際關係療法的其中一環，是認同「原本的自己」。這個體驗是希望別人能夠接受我們現在的感受。

事實上，我們的「感受」中並沒有不恰當的東西。

所謂的感受，是讓我們知道對自己而言，哪種狀況代表什麼涵義。

每個人天生的性格不同，一路走來的經驗也不同，現在也各自懷抱著不同的心事。

因此身處不同的狀態、有著不同的想法，是很理所當然的。同時對該狀況的感受也是因人而異。

例如所謂的「你這樣說會讓我受傷」，便是當事人的感受，絕對不是什麼「不恰當」的感受。

從旁人的角度來看，雖然可能會覺得「反應過度了吧」，但從當事者的角度來看，會有這種反應也是很正常的。

容易在意「他人眼光」的人，大多數都是在充滿著「小創傷」的環境下成長，他們的感受總是會被別人批評：「為什麼你會這樣想呢？」

因此他們不僅是從外部接收到直接的壓力，還會責怪感受到壓力的自己：

「為了這點小事就受傷，真是沒用。」
「這點小事就覺得壓力大，太不成熟了。」
讓自己增加越來越多的「小創傷」。

想要認同「原本的自己」，就要讓別人先認可你自己的感受。

而且，若對方不認同原本的你，才是奇怪的。就算被人說：「你的想法好怪。」但感覺這種事本來就是油然而生的，而且是經歷過很多體驗後產生的。

在治療時，累積「認同原本的自己」這樣的感受，就能達到不使用藥物也能治癒的效果。

「我這樣想是沒問題的」這種安心感，可以提升自我肯定，治療「小創傷」。

此外，認同「原本的自己」很重要的一點是：接受現狀而非「尋找犯人」。

不要去追究是誰批評了你才導致現在的情況，而是體認及理解自己處於嚴苛的環境，在這種情況下，受到「他人眼光」的影響也是無可奈何的。

詳細的原因就算你不清楚也沒關係。

無論是什麼原因，最後的結果就是讓你自己變得這麼在意「他人眼光」，只要你理解這一點就好了。

會在意「他人眼光」，一定是有著相對應的理由。不經歷這個階段，就無法放下在意「他人眼光」的心情。

首先你要認同「現在這樣就好了」，才能夠做到真正的放下。

POINT

透過認同「原本的自己」，治癒小創傷。

因為被言語攻擊，才會想迎合「他人眼光」

患有飲食障礙或社交恐懼症的人，特徵之一是缺乏被認同的體驗。

有些人會被別人批評：「為什麼你會這樣呢」、「你這樣太奇怪了吧」，也有人會被指責：「你這樣做別人會怎麼想」。由於不斷被旁人或世俗的眼光比較，因而對自己產生存疑。

當別人說你「好奇怪」時，為了不被別人攻擊，於是迎合「他人眼光」來塑造出自己的樣子。

如此一來，會變得在乎「他人眼光」也是理所當然。

這樣也就不難理解，為什麼遭受到極大的壓力時，很容易得到在意「他人眼光」的疾病。

但是一旦罹患疾病，又會成為周圍的人批評和擔心的對象。

厭食症的人會被責怪：「為什麼要減肥到讓家人擔心的地步呢」；暴食症的人則會被攻擊：「你就是因為太任性才會放縱自己」、「吃了又吐，簡直跟動物沒兩樣」、「地球上可是有很多人在餓肚子」。

又或者是患有社交恐懼症的人會被批評：「你也太在意了」、「大家都不會這麼在意別人，你是不是把自己想得太重要了」。

有關身體畸形恐懼症這種疾病，雖然醫學上仍有許多未知之處，但多數可能是因遭受虐待或被霸凌而罹患的。

受虐或被霸凌的經歷，是典型的自我不被認同的體驗，因此非常容易在意他人的眼光。

此外，受到虐待或霸凌時，幾乎找不到「為什麼我會被欺負」的原因，因為幾乎絕大多數的個案都只是加害者的一時興起而已。

若不明白自己「為什麼會被欺負」，唯一能做的預防行為，就是「為了不再被欺負，我只能盡量讓自己成為不被批評的對象」。

這樣就很容易與「在意『他人眼光』的心情」連結在一起了。

POINT

為了符合他人的標準而不停塑造自己的形象，當累積壓力超過一定程度後，就可能會生病。

先認同原本的自己，才能認同他人「原本的自己」

當提到認同「原本的自己」時，若你會產生抗拒，那就代表你覺得「認同原本的自己很任性」。

這裡有一個很大的矛盾。

在意「他人眼光」而不認同「原本的自己」，才是「任性」。

這是為什麼呢？所謂的在意「他人眼光」，其實重視的是「自己如何被看待」，勝於優先考慮對方的立場。這是很自我中心的想法。

這個想法和想了解對方、也想理解怎麼做才是對對方最好的「體貼」大不相同。

認同別人「原本的自我」就是「體貼」。

事實上，無法認同自己「原本的自我」，也就很難認同他人「原本的自我」。

因為這種人強烈地認為「就是應該要這樣做」，對於別人也存在著這種不正確的想法。

這類型的人會強烈地希望「對方應該要這樣」，不會站在對方的立場著想。對他人的尋常舉動容易感到憤怒，也是這個原因。

也因為這類型的人很在意「他人眼光」，所以通常不會直接表現出自己的憤怒，因而累積壓力。

「體貼」若無法從對方的立場考量，就沒有意義。

因此，若想認同原本的自我、並且也認同對方原本的自我，「體貼」是很重要的。

POINT

若不能認同自己「原本的自我」，也就無法認同對方「原本的自我」，很容易成為自我中心的人。

從「想像中的他人」到「眼前的真人」

在意「他人眼光」者，看起來似乎是很在意旁人，但實際上卻是沒有清楚意識到他人。這一點我希望大家能先理解。

也就是說，人類對於其他人的事情不是只看：

「是瘦的、還是胖的。」

「很會化妝、不會化妝。」
「品味很好、品味很差。」
之類的「評價」。

舉例來說，你跟一個比以前胖的人見面時，一瞬間很有可能產生「哇，他變胖了」的反應，但之後也會浮現「我這樣想是不是有點壞心」、「一定是有什麼理由讓他變胖了」的想法，最後你會當作沒有這回事，用平常的態度跟對方相處。

「人」就是一個如此複雜的生物。

然而，有很多在意「他人眼光」的人，都沒有發現到眼前對象是如此複雜。他們只會想著「想像中的別人」，但實際上他們幾乎沒和其他人有所交流，對於真實的人際關係所知甚少。

也可以說，在意「他人眼光」的人，特徵之一就是缺乏真實的人際關係。

這裡並不是指「缺乏與人相處的能力」或「朋友很少」的意思，而是因為「小創傷」造成的「他人就是評價及傷害自己的存在」，這個根深柢固的想法支配了自己。

只要覺得「他人就是恐怖的存在」，那就不會想和人有更深的關連。

人際關係療法裡，會讓患者在真實的人際關係中進行交流，體驗許多事物，患者就能因此慢慢放下上述想法。

也就是說，只要跟真人產生互動，就會得到許多新的體悟與觀念，同時也會察覺到對方並非用負面的想法看待自己。

若是能藉著互動將自己的感受傳達出去，對方也可能會修正對你的一些錯誤想法。

若能知道對方也不是十全十美的人，就是非常大的收穫了。

「原來他也是個有許多心事的人。」

「他也不是什麼都能做到一百分的。」

「原來他也會做出不合時宜的舉動啊。」

當理解這些事之後，就比較容易判斷對方所說的話，能夠知道對方說的並不是「真相」，而是「現在的感受」，了解對方也有不足之處。

這部分會在第五章詳細說明，而這些治療「在意他人眼光」的心得，也可以應用在一般人身上。

POINT

你無法和「想像中的他人」交流，請從認識「眼前的真人」開始改變吧。

第三章

自信不是「培養」出來的

「只要培養自信就好了」是錯的

在思考如何處理「在意他人眼光」時，很多人想到的都是「只要培養自信就好了」。

只要培養自信的話，就算身材不好也一定能坦率地展現自己。

只要培養自信的話，就一定不會困擾要穿什麼衣服才好。

只要培養自信而且工作時俐落幹練，就算外貌不加修飾看起來也能很帥。

只要培養自信，就算沒化妝也能毫不在乎的與人約會。

只要培養自信的話，就算沒有名牌也不會不安。

只要培養自信的話，就算揹著沒品牌的包包，也能看起來很潮。

只要培養自信，就不用塑造形象，可以用真實的自己面對大家。

只要培養自信，就不用對自己的話語內容感到不安，能夠直率地表達自我……。

在這種情況下，「只要培養自信就好了」的想法，和「在意他人眼光」的心情有著緊密的關係。

「只要配合大家的喜好改變自己，就一定會產生自信」的想法，和

「只要培養了自信就一定不會在乎他人眼光」的想法，其實已經陷入了「在意他人眼光」的漩渦中。

然而不只是「自信」的問題會與「在意他人眼光」產生惡性循環，應該說，「只要培養自信就好了」的想法，本身就有問題。

在想著「培養自信」的時候，我們在意什麼？其實就是「像我這樣什麼都不會的人，要怎麼做才能有自信呢」這種一籌莫展的感覺，或是「取得○○的資格來獲得自信吧」的想法。

這種「想做點什麼的自己」、「想擁有些什麼的自己」，都是把關注焦點放在自己身上。也就是說「只要培養自信就好了」的心情，其實和「只要其他人覺得我看起來是有自信的就好了」、「只要別人對我的評價是正面的就好了」的心情幾乎一樣。

這種念頭是永無止盡的，而且越是想著「只要培養自信就好了」，就越會喪失自信。

「只要培養自信就好了」其實就是「沒有自信」，覺得「只要別人對我的評價是正面的就好了」時，也等同於認為「別人對我的評價很低」。如此一來，有點像是不停告訴自己「我有多差」一樣。

「有自信」這件事本身當然沒有問題。

然而當變成了「只要培養自信就好了」的情況時，就會強烈地把焦點放在「現在這個沒有自信的我」之上。

無法讓「沒有自信的我」產生信心，而且還總是想著「只要培養自信就好了」，就越是會陷入沒有自信的局面中。

POINT

「只要培養自信就好了」的想法，其實更加彰顯出目前缺乏自信的自己。

多數人所認為的「自信」只不過是「印象」

那麼，大家所認為的「自信」，到底是什麼呢？

喜歡自己、覺得自己有能力、無論別人說什麼都不為所動，是這樣的感覺嗎？

或是自己有著不在乎他人眼光的「主軸」？

無論是哪一種，大家對自信的想法都是「無論別人說了什麼都不會動搖、有著堅強的自我」的「印象」。

我覺得對多數的人而言，所謂的自信，都只是自己的「印象」。

因為腦中想著「只要培養自信就好了」的人，其實並不知道真正的自信是什麼。

看見了似乎很有自信的人，就會想著「原來那就是自信啊」，把自信的模樣與之聯想在一起。

然而就算照著那樣的印象來行動，也不能算是擁有自信。

例如，若你對自信的印象是「所謂的有自信，就是在眾人面前毫不畏懼地表達自己的意見」，但是實際上當自己在陳述意見時，倘若有人批評了些什麼，你一定還是會在意。外表看起來可能從容不迫，但其實內心驚恐不安。

這當然不能說是有自信。

也就是說，再怎麼照著「有自信的印象」去實行，只要沒有真正的自信，就沒有意義。

POINT

「有自信的印象」也只不過是「印象」，並不是真正的自信。

真正的「自信」是能夠自我肯定

「只要培養自信就好了」這句話中的「自信」，在大家的印象中像是種安然不動的東西，一旦獲得之後，便不會受到枝微末節的小事動搖。

此外，自信也帶有「是自己所創造出來的」的印象。感覺好像只要有了自信，與他人相處時就能從容大方。

這樣看來，所謂的「自信」看起來似乎像是某種「東西」。就像做了肌力訓練，便可以承受負荷重物一樣的感覺。

然而實際上，自信並不是這樣的東西。

所謂的「自信」，是指能夠感受到「自我肯定的心情」。

當我們對自己的感覺正向，我們便會產生自信。

「我這樣就可以了」，就是自信真正的意義。但當對自己的感覺負面時，就會覺得「沒有自信」。

也就是說，所謂的「沒有自信」，並不是「實際的自己如何」，而是「對自己的感覺如何」。

從客觀的角度上來看，就算是達成了同樣的目標，有的人會對這樣的自己感到自信，有的人則無法。

「明明長得這麼漂亮，工作能力又強，怎麼她對自己還是一點自信也沒有？」時常可以見到有人抱持著這樣的疑問，這正是「自信」與「對自己的感受」不同的狀況。

POINT

自信不是「培養」出來的，而是「感受到」的。能夠感受到「自我肯定的心情」，才是真正的自信。

不是只給自己好評價就夠了

有很多「小創傷」的人，應該是沒自信的人吧。

這是理所當然的，對自己總是充滿「我真沒用」的負面評價，感覺絕對不會是好的。「我真沒用」就是種負面感受。

「所謂的自信，就是對自己的感覺」，這是很重要的一點。

自信並不是像訓練肌肉一樣可以「培養出來」的東西，自信是「在當下感受到」的東西。

是在某個時刻的某個場合，對自己的感覺跟「有自信」、「沒自信」連結起來。

也就是說，想要感覺自信，「首先要培養自信」這件事是不需要的，而是需要「隨著不同場合讓自己感覺變正向」。

如果喜歡「別人眼中的自己」，那麼對自己的感覺也會變好吧。在這層意義上，「他人眼光」和「自信」也就沒有關係了。

這裡的重點是「喜歡自己」。

並不是重視「我從別人那裡得到了正面的評價」，重點是「自己感覺很好」。

我希望大家注意的是，所謂的「喜歡自己」，也有的案例是「自己給予自己正面的評價」。但這種做法並不是「自己的感受」，而是「做出評價」。

例如，覺得「很喜歡今天自己的髮型」，可能是自己這個評價者給了「今天的髮型」正面評價；在這種時候，如果出現了另一個髮型更好看的人，那這種「喜歡」就會被顛覆了。因為評價是相對的。

另一方面，如果不在意評價、單純只是滿足於今天的自己，就算出現了髮型更好看的人，也不會受到對方多大的影響。因為「滿足的感受」是不容易動搖的。

POINT

「自己感覺很好」時，那種「喜歡自己」的情緒，是不會被小事所左右的。

「找出喜歡自己的地方」是錯誤方法

跟「我想要有自信」一樣，常常被相提並論的概念是「我想要喜歡自己」這一句話。「學會喜歡自己吧！」可以說是近幾年的流行語。

喜歡自己當然是很美好的一件事，但是要怎麼樣才能喜歡自己呢？

此外，「喜歡」到底是什麼樣的情緒呢？

讓人意外的是，所謂的「喜歡」其實是很紛亂的概念。

因為它既有「喜愛原本的自己」的意思，但也有意指「正面評價」的意思。

前者「喜愛原本的自己」被稱為「無條件的愛情」；後者的「正面評價」被稱為「有條件的愛情」。如果是後者的話，例如我們「喜歡工作能力強的自己」，但是當工作做不好時，很可能我們就會討厭自己了。

「找出喜歡自己的地方！」這樣的方法往往不自然而且效果不佳。因為「喜歡自己的什麼地方」只不過是「有條件的愛情」罷了。而這個「條件」，基本上是建築在對自己的評價上。

就算覺得「我喜歡自己開朗的個性」，但似乎會淪為有點做作，並不是真的「感覺喜歡」，而且如果下一刻有人說：「又不是只有開朗就好了，」那麼原本喜歡自己的感覺就又動搖了。

此外，就算想要找出喜歡自己之處，但若是建立於相對評價之上，就只能看得見自己「不夠好的地方」，反而會變得無法喜歡自己。

若真的想要喜歡自己，就不要「找出喜歡自己的地方」，也不要用負面的評價來看自己，也就是要接受原本的自己。就算對自己有一些不滿意，也要能對自己說：「哎呀，因為我也是人，所以這也是沒辦法的嘛。」

「喜歡自己」既是「不要批評自己」，也是「接受原本的自己」。

我認為這不是「找出喜歡自己的地方」，而是能夠擁有「現在這個包含了優缺點的自己就已經很好了」的平靜。

POINT

若是以某些條件作為判斷基礎，可能就無法喜歡上「原本的自己」。

你不是不夠努力，只是達到了極限而已

就算有自信、就算喜歡自己，但最重要的關鍵還是「接受原本的自己」。雖然我這樣說，但你可能還是會覺得自己的確有不少缺點，而且今後還有更多想改善的地方，你擔心如果接受了原本的自己，就會停止成長了。

實際上並不會發生這種事。

因為接受原本的自己，是指接受「現在」的自己。
現在的自己處於什麼樣的狀態，反映出來的是從以前到現在的各種經歷，最後造就了現在的你。
接受這樣的自己，就是認同「到目前為止經歷各種事情後成就的自我」。

這時的重點是「自己不管在什麼時候都已經盡力了」。

你會不會想著「才沒這種事，我一直都不夠努力」呢？
這種想法其實是「小創傷」的結果，但絕對不是我們沒有盡力去做。
當你會覺得「今天只能做到這裡」時，其實是因為某些原因造成的。
並不是你的耐力不夠或是努力不夠，而是因為累積了過量疲勞、體力達到了臨界點或是精神狀態不佳等，這些問題反應出當時自己的狀態，才會讓你「做不到」。

這不能稱為不夠努力，只不過是你達到了極限而已。

在這樣的臨界點中，盡力而為以後所得到的結果就是現狀，你只要單純接受這樣的自己就好了，不需要對自己做出「努力不夠」的評價。

即使接受現狀，今後仍然可以進步。相反的，若只是深陷於「如果當時再努力一點就好了」的過去，無法接受現實，那很可能之後就再也無法前進。

POINT

現在的自己「已經盡了最大努力」，絕對沒有努力不夠這回事。

管他怎麼想，現在的你自己就很好了

如果能夠接受現在這個包含優缺點的自己，那麼別人不管說什麼都不會為之所動。別人就算批評了你，你也能當成自己的缺點欣然接受，不會害怕。

又或者你也會有以下的想法：

「或許是那個人這樣想，但我現在就很好了。」

「或許我的確有不夠好的地方，但現在的我只能做到這樣。」

這種人雖然不太在意他人的話語，但如果覺得對方的話有可取之處，就會接納值得採用的部分。

這就是一般大眾印象中「有自信的人」。這類型的人，其強韌之處在於不會因為別人說了什麼而動搖，但又可以接受對自己有益的意見。

因此「自信」中很重要的一個因素，我認為毫無疑問的就是「接受原本的自己」。

大家可能會覺得這是理所當然的事，但如果不能夠接受原本的自己，就會一直對自己產生「這樣下去不行」的想法。

這種狀態無法稱為「有自信」。

有自信的人能夠接受原本的自己，也可以讓自己正向成長。這是因為所謂的「成長」，是建立在肯定現在的自己這個基礎上。

相反的，如果一直累積「這樣下去不行」的念頭，反而會讓基礎崩壞。

當我提到「接受原本的自己」，有些人會產生「這是什麼意思」、「不知道要怎麼做」的疑問。

接受原本的自己，意思並不是「要做什麼」。

倒不如說是「什麼都不做」。

對自己的現況不做正面或負面的評價，只要想著：「總之現在的自己就很好了。」

就算之後有一些想要改變自己的地方，也只是以現在的狀態追加，不會帶著「現在的自己真沒用」的想法。

當然，會感覺「現在的自己真沒用」是由於「小創傷」而造成的。

只要能察覺到實際上不是自己沒用，而是因為受到很多「小創傷」的影響，這樣就夠了。

POINT

請注意會有「現在的自己真沒用」這種感覺，實際上並不是自己真的沒用，而是「小創傷」所造成的。

「嗯，我這樣應該沒問題」，這樣的感覺就對了

自信的其中一個要素是感受到自身的力量，覺得「我這樣沒問題」。

這裡說的力量並不是什麼學習或工作能力。學習或工作這種表象的能力，因為屬於「可受評價的」，所以一旦有比自己更強的人出現時，你就會覺得不舒服且失去自信，這種能力是不安定的東西。

這裡說的「感受到自身的力量」，是指「嗯，我這樣應該沒問題的」的感覺。

這種感覺也可以說是對自己的信賴感及安心感。

這裡不單只是對「自己」的感覺而已，還包含周圍幫助自己的人、回應自己的社會期望等等，可以說是對於「誠實以對的話就能得到幫助的自己」感受到的信賴感和安心感。

事實上，這種感覺是非常重要的。

人生是一連串對各種變化的適應，在當下覺得「我最後一定沒問題」，或是不斷跌落谷底被打敗，兩者有著很大的不同。

「嗯，我這樣應該沒問題」是出自內心深處的感受，跟之前所講的

「接受原本的自己」有著很深的關聯。

只要能夠想著「我現在這樣就可以了」，對於任何事物都可以產生「嗯，我這樣應該沒問題」的想法。

當然結果會怎麼樣是無法預測的。但無論何時，只要你想著「現在這樣就可以了」，就能隨時感覺得到自己「沒有問題」。

POINT

接受原本的自己，認為「現在這樣就可以了」的感受，和「我應該沒問題」的信賴感是結合的，可以由此產生自信。

第四章

遠離惱人的人際，找回你的「感受」

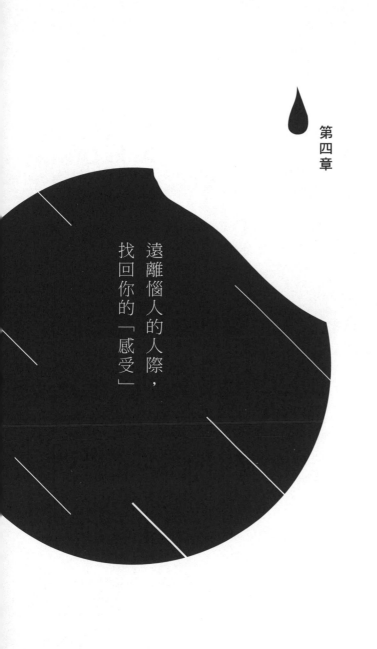

無論好壞，各種感受都是正常的

在上一章我說過，想要有自信的話，要做的不是「培養自信」，而是需要「隨著不同場合讓自己對自我的感覺變正向」。

讓自己的感覺變正向並且接受這樣的自己，你就會從「單方面被評價的對象」轉換成「作為感受主體的自己」。

然而，有「小創傷」的人很可能會覺得：

「什麼是自己的感覺，我完全不懂。」

「我可沒辦法感受到什麼。」

結果因此變得驚恐也說不定。

接著，他們便會批評「無法感受到的自己」，讓「小創傷」繼續增加。

我想讓各位知道的是，無論是誰都具備感受的能力。

首先請你接受對於「什麼是自己的感覺，我完全不懂」而驚恐的自己。

當你有所感受的時候，哪怕只有感覺到一點點也好，請你先不要懷疑那種感覺適當與否，只要讚許「感受得到」的自己就可以了。

所謂的「感受」，是指「透過到目前為止的經驗而產生的視角，代表了什麼意義」。

因此自己的感受並不是不適當的情緒，其實各種感覺都反映了那個人的過往，是很恰當的行為。

現在就先從肯定「感受得到的自己」開始做起吧。

POINT

肯定有任何感受的自己，就能慢慢培養出「感受的力量」。

放下「形象」，感受真正的自己

對於「塑造形象」的人來說，「形象」會有各種感覺。這種人常會遇見的問題是：本人往往無法知道哪種感覺是自己真正的感受。

因為不管是哪種感覺，他都會覺得是「虛假」的。

在這種時候，請先從認同這樣的自己開始做起。

在受到各種「小創傷」之後，我們會認為「他人就是評價及傷害自己的存在」。

「『塑造形象』是為了保護自己能活下去。」

請先為塑造形象的過程給予鼓勵。

接著，再慢慢地累積能改變這種想法的體驗。

就算現在覺得什麼感覺都是「虛假」的，但總有一天會察覺到還是有「真實」存在其中。

其實決定「塑造形象」的不是別人，正是自己。而塑造出來的形象也會和自己有些關連。

為什麼會想要塑造出「這種形象」，其中一定反映出了自己的感受。

像是討厭陰沉的自己，就很可能想塑造出開朗的形象。

覺得自己給人印象太過獨特，就可能想要轉換成內斂低調的樣子。

或者是對於某種形象已經感到疲倦了，但又無法改變，只好忍耐。

「討厭陰沉的自己。」

「形象太特立獨行的話會很危險。」

「改變形象好困難。」

會有這種感覺的，都是自己本身。

如果能夠發現這種感受其實反映的是「小創傷」的自己，進而接受「塑造形象」以生存下去的「真實自己」，就不太會去在意這些「形象」的不自然或矛盾之處。

相反的，若認為這些形象是「虛假」的，「小創傷」就會更加強化。

在某種意義上，可以說無論是誰都在塑造形象。

絕大部分的人呈現的都是「表象」的臉，因此不要覺得「塑造形象」的自己是「騙子」，慢慢發掘出一個能夠看得見「真實的你」的夥伴吧。

POINT

就算因為「塑造形象」而讓自己的感受不清楚，仍要為這樣一路走來的過程給予肯定。

做「讓自己開心」的事，找回你的感受力

「做一些能讓自己感覺開心的事吧」，最近這種想法廣為流傳，我認為這太棒了。

「感覺開心」跟「別人給的評價」兩者恰巧相反。

當在意「他人眼光」的時候，自己是「接受評價」的被動存在，彷彿砧板上的魚肉般無法控制狀況，十分無力。

另一方面，「感覺開心」時的自己，是「感受」此一主體的存在。

我自己就是主角。

如果心情不好的話，可以靠自己停止或改變這種狀況，是十分有力的存在。

自己的身體、品味、妝容、說話方式、簡訊或LINE的使用方法等，各種與生活方式有關的事物，都是人生中開心的要素。事實上，跟這些事物產生關聯，也能讓人生更加豐富。

關鍵字是「感受」。

把自己的感受置於中心，和「周圍的人怎麼看我」、或是在意「他人眼光」是完全相反的。

雖然如此，但這種方式和「別人怎麼想都跟我無關」這樣畫清界線的態度，又有著巧妙的不同。

「別人怎麼想都跟我無關」這種態度既不自然，也常達不到效果。詳細的內容我會在第五章說明，這種什麼都置之不理的態度，是不會順利的。

「周遭人的反應是出自於他們各自的情況。」

「雖然我會尊重他們對此事的想法，但我也會尊重自己的想法。」

「這是因為只有我最清楚自己的感受。」

如果你能夠這樣想的話，就能夠專注於自我，但又不會把周遭的人視為「沒有關係」而切割出去。如此一來，甚至有可能把自己開心的感受傳達給他人。

開心的感受是能夠自然而然、暖洋洋地傳遞出去的。

POINT

「感覺開心」時，自己就是主角，也不會在意「他人眼光」。

把痛苦的事變快樂的具體方法

把自己從「被評價的對象」轉換成「感受的主體」後，與生活有關的各種事物，就成了人生中愉悅的要素。

就算因在意「他人眼光」而感到痛苦，但結合了「感受」這個關鍵字後，就可以把痛苦變成愉悅。

我們來看一些具體的事例。

減肥

以「自己會被評價」的想法來減肥……

一直想著「只要瘦下來就會有自信了」，就會陷入本書所述的「『別人給的評價』和『自信』的漩渦」中。

如果想著「只要瘦下來的話」，你就不會關心「現在感到愉悅的事」，最後連可以感受到自信的機會都會被奪走。

本來也許改善得了的事，但是只要一想到「因為我很胖所以辦不到」就喪失動力，結果很可能變得更討厭自己。

此外，每天為了減肥耗盡心力，生活就會被「為了瘦身而非做不可的事」所支配，漸漸成為沒有主體性的自我，是非常無力的存在。

這是因為變得以「為了瘦身而非做不可的事」為標準來決定生活，才會如此。

而這樣努力的結果，就算最後覺得自己瘦身成功了，但只要見到比自己還瘦、或是比自己身材好的人、或者是被誰無心的評論之後，對體型的自信就會蕩然無存了。

也就是說，「為了變瘦而減肥」，就算成功了也只是一瞬間罷了，在真正的意義上並不是成功的。

以「自我感受」為主體減肥

來享受因為減肥而改變的生活習慣吧。

例如有節制的品嘗對身體有益又美味的食物，或是感受運動後的通體舒暢。

覺得壓力太大的時候，不要用暴飲暴食來發洩，應該用更健康的方式來解決。

這些行為都不是因為想要得到「變瘦」的結果而去做的，而是因為過程很愉快而執行的。

「有節制的品嘗」，也不是僅僅只有享受食物的味道，而是還能想到做這道料理的人以及大地、或是這片大地孕育出的許多生命，並意識到這道料理與自己的「僅此一次相遇」，之後當然會毫不浪費地想要全部吃光。

看到這裡，如果有人覺得「自己很浪費食物」而愧疚的話，需要注意一下。

若是把食物視為「讓自己變胖的東西」、「為了發洩壓力而吞下肚的東西」，問題就不單只是不珍惜食物，而是本質在於不珍惜自己了。

這就是本書所提到的「他人眼光」的問題，「肥胖的自己沒有價值」、「我的壓力不值得好好處理，只要用暴飲暴食來發洩就好了」，對自己的評價十分低。

因此，為了「無法珍惜食物」而責備自己，只會一直增加「小創傷」。

請不要責備自己，要先接受這樣的自己，才能開始一切事物。在享受健康生活習慣的過程時，疼愛自己的要素也藏在其中。

「我是因為高興才做的。」

「我是因為心情愉快所以做的。」

這和沒有從「小創傷」中癒合而一直給自己嚴厲評價的情況完全不同，是寵愛自己的態度。

會好好珍惜自己，不亂吃垃圾食物，願意多運動讓血液循環良好。

並且，適量攝取美味的食物不會變胖，經常運動還能夠鍛鍊肌肉、達到燃燒脂肪的效果，因而可以「減肥成功」。

我認為「成功的減肥」就是這種形式。減肥的出發點並非「討厭自己」，而是以「我想要過品質更高的生活」開始。

時尚

一旦時尚和「被評價」扯上關聯……

「做自己」的時尚，可以讓自己的魅力更高。這也是時尚原本的意義。

然而對於生長在「小創傷」世界中、作為「被評價對象」的人而言，「做自己」和「自己的魅力」可說是他們最不擅長的了。

「我不懂什麼叫做自己。」

「我才沒有什麼魅力。」

他們會這樣覺得，而解決方法就是求助於「他人的眼光」。像是把雜誌中陳述「做自己」的方式套用到身上、或是模仿其他人如何表現自己，從外部去找尋解決方案。

但當對這樣的自己感到空虛時，結果仍然是加強了「小創傷」。

當時尚和「自我感受」結合

我這裡舉一個例子為參考。A小姐因為要帶小孩的關係，每天都必須待在家裡，幾乎不會外出和別人見面。每天穿著睡衣、頭髮亂糟糟的A，心情也因此很陰沉。

然而有一天，她為了自己而精心打扮一番，心情也整個變好了。

也就是說，這是「讓自己有精神的打扮」。

在這個例子裡，可以知道A已完全不會被「他人眼光」的問題所箝制了。A已經不是「別人怎麼看我」的被評價對象，而是感受到「打扮後的自己很開心」的主體。

因此，先從「讓自己有精神的打扮」開始試試看吧。

這樣的話，就一定會察覺「做自己」、「自己的魅力」只不過是衍伸出來的東西。

如此一來，與流行時尚的對應方式也就一定會改變了。

你的想法會從原本的「我跟得上潮流嗎」這種「他人眼光」的觀點，改變成「是否打扮一下會讓自己更有精神」的自我主體。

在做「自己會有精神的打扮」時，是否會擔心別人說你「好老氣」呢？

我在第五章會提到，帶著相當自信批評別人「好老氣」的人，是「評價體質的人」。這種人認為「人生是由評價所組成的」，他們很有可能也無法享受到「自我的時尚」。

任意對他人做出評價的人，本身就飽受「他人眼光」的困擾。

另外，這種人也很有可能過於追求第一線的流行時尚，因此對怠慢了這個「義務」的人感到氣憤，希望對方也要履行這種「義務」。

明明時尚有各種風貌，但他們卻無法認同時尚的多樣性，因此可以說這種人是典型的「評價體質」。

化妝

當化妝時也想著「他人眼光」……

化妝給人的印象就是「要讓人看見」，所以「別人怎麼想」也是化妝的樂趣之一吧。

然而，每個人對化妝的接受度都不同。

有人覺得化妝本身就是一件不自然的事，也有人對流行極端在意，另外也有喜歡低調妝容的人。

因此，就算想要畫出符合「他人眼光」的妝容，也會因為不知哪種風格討喜而覺得苦惱。

以「自己的想法」來化妝

化妝時，「讓自己有精神」的想法才是最重要的。

最近有一種職業是專門幫助因疾病而長期住院的人化妝。

不要因為生病就放棄一切，化妝能讓氣色變好變漂亮，精神自然也會變好。就算疾病沒治癒，但化妝能帶來精神上的正面影響，自然也會讓治療的過程更有正向力量。

從這個例子我們可以知道，「我沒有○○的價值」這種想法，對精神會有負面效應。

若是想著「因為生病而住院的自己，沒有變美的價值」，自我肯定一定會下降。

而「我沒有〇〇的價值」這個想法，其實和「他人眼光」也是息息相關的。很可能因為太在乎別人的眼光，認為患者就要有患者的樣子。

接著來談談「不化妝」。

不化妝也是「珍惜自己」的其中一種形式，但是也有人會覺得「身為出社會的人不化妝是不行的」，由於在意「他人眼光」，而增加了自己的麻煩。

這種情況下，想法就會變成「我沒有權力選擇化不化妝」。

無論化妝與否，當以「自我感受」來看待化妝時，能不能擺脫「我沒有〇〇的價值」的想法是重點所在。

因為當你想著「我沒有〇〇的價值」時，就不可能會有精神了。

名牌

一旦名牌和「自我評價」扯上關聯……

名牌這東西，其實若要比較也是「沒有盡頭」的。

當然也可以從價格來區分出最高級的品牌。而最高級的名牌中，使用最高級的材料所製作出來的物品，則是高級中的最高級。

然而，就算擁有了最高級的牌子，一旦被人批評：「只是在裝貴婦吧」、「那麼想炫耀，還真是不會看場合呢」，名牌的價值也就急速下降了。

此外，有些人覺得擁有了昂貴的名牌貨後，別人看待自己就會很不一樣，反而被名牌給束縛住了。

也有人十分喜歡被店家捧得高高在上的感覺，希望自己被認為是「再怎麼貴的東西都能毫不猶豫買下的人」，結果超過了自己的經濟負擔。

當名牌和「自我感受」結合

請好好的珍惜名牌本身或是物品本身。

這是指對它的歷史抱持敬意、對花費工夫選擇原物料的物品獻上敬意的意思。也就是說，去想像製作者或是物品中所包含的心意。

名牌是一種藝術品，因此當然也可以把它視為對「美麗」的感動。

不要在腦中盤算：「我拿了這個以後別人會怎麼看我，」而是自己覺得：

「非常棒。」

「非常漂亮。」

「我非常喜歡。」

這種想法才是最重要的。

在美術館看到精美的畫作時，或者是震懾於自然界的美麗時，你在意的一定不是自己，而是那個對象。名牌也是相同的道理。

因此，請試著像這樣珍惜充滿敬意的物品吧。

時常保養、經常帶著它出去、或是偶爾讓它在家休息，請找出名牌最適合的出場時機吧。如果有些地方受損了，也請試著好好修復它。

能夠長期使用，也是名牌的優點。

有些人可能會覺得擁有名牌「很讓人羨慕」，有些人可能會覺得名牌「很沒意義」。

兩種想法是平行線，因此試著去感受名牌的珍貴性，才能夠從「他人眼光」中解脫。

第五章

擺脫那些喜歡評價你的人

別人對你妄下評價，那是他的問題

當「在意他人眼光」時，這個「他人」是誰呢？
是所謂的「大眾」？
網路上不特定多數的「酸民」？
不想被那人討厭的親友？

答案是：透過「小創傷」所塑造出來的「幻影」，認為他人就是「評價及傷害自己的存在」。

想要治癒在意「他人眼光」的心情，重點就是要把目光轉向非「幻影」的「真實對象」。

這是因為只有從他人的角度觀看，才能夠放下在意「他人眼光」。

「他人所下的評價」乍看反映的是自己的問題，但其實是對方的問題。

為什麼呢？這是因為就算處於同一種狀況，不同的人也會產生不同的評價。比如說，即使你穿著相同，但有人會稱讚「好有型」，也會有人批評「好難看」。

當你拿著某個名牌時，有人會因此將你捧得高高在上，也有人會直接批評你「真是有夠俗氣」。

評價最終只是主觀的，因此不同的人給予的評價自然也就不同。

當然，有一些風格是大多數人會稱讚「漂亮」的，也有一些風格是大多數人會批評「老氣」的。

但每個人的感覺有多強烈，也是因人而異。

同樣稱讚「漂亮」，有些人是真心的，也有人只是說場面話而已。還有人只要聽見別人說「俗氣」，那麼就算自己不太懂也會跟著附和。

如果你覺得「別人的評價」都是自己的問題，那是因為你認為「很多人都這樣說」、「大家都這樣說」，但不管是「很多人」還是「大家」，說這句話時每個人的背景原因都是不盡相同的。

POINT

「他人的評價」不是客觀的事實，而是對方主觀的評價。因此必須考慮的是作為個體的「對方」。

當別人批評你時，他看到的不過是自己的誤解

當我們「在意他人眼光」時，我們其實是把「對方所看見的自己」和「實際的自己」混淆在一起了。

真正的實情是，「對方所看見的自己」，其實反應出的是對方自身的情況。

人在看待事物時並不是都能看見本質。

一定都是用自己的角度去判斷的。

而這個「判斷方法」，則包含那個人的性格、價值觀、一路走來的人生體驗，或是當天的心情。

因此，對方所看見的並不是「實際的自己」，只是透過對方的「判斷」得出的「對方所見的自己」。

當自己從事某些行為時，有些人可以完全接受，不覺得有任何問題；但也有些人會覺得「這種行為不行」。

就算是同一個人，也會因為他那天的狀態而出現相異的感受。

在前面已經提過，「他人所下的評價」是對方的問題。

每個人都有自己的性格、所處的環境、和到目前為止的經歷等等，這些都是只有他自己才能明白的事，而這些背景造就了那個人會採取何種行動。

旁人對我們下的評價，我們卻覺得是自己的問題，想要去改變自己。明明本來是對方的問題，我們卻覺得是自己的不對。

這就是為什麼要釐清「是對方的問題，還是自己的問題」。

POINT

請不要再將對方的偏狹，誤認為是自己的問題。

亂發脾氣的人，背後也有自己的原因

把「他人所下的評價」視為「對方的問題」，這樣的想法並不是在攻擊對方。

若我們能用「我雖不清楚整件事的詳情，但一定是因為發生了什麼事吧」這樣的眼光看待對方，最後必然能體諒對方。

此外，在意「他人眼光」，其實就等同默默地認為「如果我能表現得再好一點，對方就會稱讚我了」。

這是非常一廂情願的想法。

不管是誰都有心情好或心情差的時候。如果心情不好時被人要求：「我打扮得這麼漂亮，快點稱讚我，」一定會不高興吧。

配合「他人所下的評價」來調整自己以迎合對方，也會產生同樣的狀況。

明明大家都會有表現不好的時候，但老是觀察對方臉色的人，卻期望所有人都能對自己日日心存善意。

這也是「界線」的問題。

對方也有對方的背景，所以他的反應並不一定和我們有關。

例如自己被某人批評「好俗氣」，雖然對方的指涉對象的確是我們，但可能只是剛好那人心情不好，並不是他內心真正的想法。「找人出氣」就是這種情況，心情不好時，有些人就是會亂批評人。

造成對方「拿人出氣」的契機，有可能是我們外在的行為舉止，他只不過是藉題發揮，並不是因為我們真的讓對方心情不好。

當然也有可能是我們真的「很俗氣」。

只是這個理由和對方說出「很俗氣」一事，完全風馬牛不相及。不太懂這個意思的人，請思考一下，當你遇到一個你覺得「有點俗氣」的人，你會跟對方說「你好俗」嗎？

我想太多數的人回答都是「不會」。

這是因為內心想著「有點俗」跟實際告訴對方「很俗」，完全是兩回事。我們都知道批評對方既失禮又傷人，所以不會講出來。

因此，當有人這樣批評你時，請思考一下對方發生了什麼事才會這麼做。

詳細我在後面會提到，會把「一般人不會說出來的事」講出口，其實他們的內心已經生病了，這種人才會不小心說溜嘴。

因此，就算有人說你「好俗氣」，你也不要認為：「我就是這麼笨拙，所以被人家這樣講也沒辦法，」正確的對應方式是接受「對方說出了一般人不會講的事」。

如此一來，你就能用寬大的態度去看待「不小心說溜嘴的人」，或是想著「這個人可能因為什麼原因，所以有這樣的反應」。請試著用這種想法來理解對方吧。

POINT

對於給予自己負面評價的人，請試著用「他一定有什麼特別的原因才會這樣」來思考。

得到負評不是你的問題，只是對方不適應你的變化

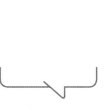

在社交場合，常會遇到有人脫口而出「你變胖了」、「這件衣服不是很醜嗎」等糟糕的評價。

如果別人對你說了這些話，你一定會很難過吧。而且自己也會被這些話牽著鼻子走，變得沒有自信。

但是我們來思考一下「為什麼對方要說這種話」。

原因有可能是對方單純就是個「評價體質」的人。

前面也有稍微提過，本書將「人生等於做出評價」的人稱為「評價體質」，詳情會在之後說明。

然而並不是所有人都具有這麼討人厭的「評價體質」，有些人只是「不小心說溜嘴」而已，或是有些人雖然沒有講出口，但臉上卻會露出驚訝的樣子。

為什麼會這樣呢？是因為他們受到了眼前變化的衝擊。

碰到好久不見的人，有些人會脫口而出：「你變胖了，」或是露出訝異的神情。

這只是單純的「對變化的反應」，並不是要去批評對方。

人類之所以會對變化抱持著異樣的感覺，是因為要適應各種變化。

由於人類是生物，需要確保自己的安全，因此具備許多防禦能力。

其中一個反應就是「對變化抱持異樣感」。

這是為了調查「對我而言，這個變化代表了什麼」的步驟之一。

因此，當人察覺外界有變化時，會抱持異樣是理所當然的。

若是觀察「蹙眉」這一類的現象，也會發現並不一定是批評的意思。

POINT

就算對方對自己的變化做出任何負面評價，那也只是單純的生物反應。

人因為不完美，所以會有不成熟的反應

只憑著「看見變胖的我而露出驚訝的表情」，便對那個人的人格做出評斷，其實是不適當的。

這樣做的話，自己就成了「評價體質」的人。

人類不是完美的存在，所以會在瞬間做出不成熟的反應，這種事是

一定會發生的。

而這種突然的反應無論是「驚訝」或是「有異樣感」，考慮到人不是那麼單純的生物，所以必須思考自己該如何看待這件事。

一般而言，如果你會這麼想：

「這是怎麼了？」

「明明之前很不錯的。」

對於這樣想的自己，可以用下面的想法來改變自己。

「最在意的一定是他本人吧。」

「人不可以用外表來判斷。」

即使感覺到對方的變化，但仍會努力站在對方的立場著想，以適應現實。（不會為對方著想的人則被稱為「評價體質」的人。）

如此，我們本身既能取得平衡，對於對方也會努力不表現出露骨的反應。

有人能夠輕易達成這種「努力」；但也有人無法達成，最後還是不小心說出口來。

也就是說，忍不住說出「你變胖了」或是露出驚訝表情的人，只是單純代表了他人努力的結果，並不是意指我們自己「外表真的那麼糟糕」。

若我們沒意識到這件事，只是訝異於對方的反應，連帶讓自己的臉色也不好看，雙方的互動就會變得尷尬，結果只會讓情感受到更多傷害而已。

別讓自己擺出臭臉，我們可以主動說：「我變胖了，你是不是嚇了一跳？」這種友善的反應可以使對方的態度軟化，讓對方比較容易說出：「真的有點嚇到，但你應該也很辛苦吧？你是身體不舒服嗎？還是壓力造成的？」

有時我們也會因為對方的一些舉止而自認為：「一定是因為我變胖了所以嘲笑我。」

然而，若只是一味在意「他人眼光」而察言觀色，因為對方的反應而想：「看吧，我就知道對方覺得我很奇怪，」我們就不會尊重到對方在適應「我們的變化」時所需要的過程。

這麼一來，無論對方看到再怎麼驚訝的事，我們都期待他可以當場就能接受。

但這是不可能的。因為當直接面對變化時，生物的天性就是需要適應的過程。

當你看到對方有點驚訝的表情時，請不要認為「對方覺得我不好」，請將想法調整成「他為了適應我的變化也真是辛苦了」才是最正確的，如此一來，自己也會覺得輕鬆許多。

POINT

他人對於自己的變化會有驚訝的反應，是因為生物天生的防禦機制。

喜歡批評他人者，自己也活得很痛苦

就算我們希望「做原本的自己就可以了」，但還是會有人不允許我們這樣做。

這些人會做出各種批評與判斷，提出單方面的建議、或是質問一些具攻擊性的問題，他們尤其對於我們想「做自己」的行為感到不滿，希望能改變我們。

只要一講話就是在評論他人，到底這些「評價體質」的人是什麼樣的？

所謂的評價在第三十四頁已經講過了，評價就是將某個狀況轉化成自己的定義，好讓自己可以安心。

能不能忍受意義不明的事物持續在身邊發生，這種耐性是因人而異的。即使周遭充滿不確定性，也有人會覺得「反正人生／人類本來就是這樣」而置之不理，但也有人連一點曖昧的狀況都無法忍受。

有些「評價體質」的人一定要把所有事物都轉化成自己的定義才能安心；但也有些「評價體質」的人不會有「自己做出了定義」的自覺，後者不會知道自己和別人的看法不同。

在這種人中，有些人有「強烈的先入為主」，但更多的人則是一直受到別人的評價。

長期受到他人評價的人由於滿身「小創傷」，所以如同第四十七頁提到的一樣，會把對方的評價當成事實而接受。

這種人不會去考慮本章提到的「對方的情況」，而是完全接受對方的評價。此外由於這種人認為「某人說我不好＝我真的不好」，所以價值觀的主軸經常是單一的、不會有深度。

當這種人在看待別人時，往往會像自己被評價一樣，不去思考「對方的情況」就做出判斷。

當然也有一些人會覺得自己總是處於被評斷的一方而不快，所以對其他人比較寬宏大量，對於被強制接受的事物感到抗拒，因此不會以此攻擊別人。

這種人從外表看來是很體貼又寬容的，然而他們的內心很可能對自己相當嚴苛。

沒有試著去治療自己受到的「小創傷」，反而對自己有嚴格的要求，試著將自己塑造成以下的形象：

「理解他人的自己。」

「寬大的自己。」

不承認「原本的自己」，卻很在意「他人眼光」而持續忍耐，這樣的人反倒會因為對他人的寬容而累積相當大的壓力。

也就是說，很難接受其他人「原本的自己」、什麼都想要做出評價的人，其實他們對自己也是投以同樣嚴厲的眼光，可以想見這樣的人生一點也不能放鬆，十分辛苦。

POINT

喜歡對他人下評價的人，自己的人生想必也不能放鬆，非常痛苦。

因為不安，所以沒辦法忍受不確定的事物

如同前面所說的，有些「評價體質」的人一定要把事物轉換成自己的定義才能安心。

基本上原因在於不安的強弱程度。

這種人因為不安所以「無法忍受曖昧不清」，他們會不斷詢問「所以是這樣沒錯吧」，要得到肯定的答覆才能安心。

「無法忍受曖昧不清」的類型裡，有些人患有發展障礙。

當在意一件事物時，如果不將它定義成某種類型，就完全無法靜下心來。

這種在意的程度已經超越了「所以是這樣沒錯吧」，而是一定要自己決定「就是這樣，沒有錯」，否則就會被打敗，再也無法繼續。

對於這種人，我們可以用「就連小事都要一件一件定義，不然活不下去，真是太可憐了」的想法來看待他們。

那麼就算我們一直被這種類型的人所評斷，只要可以體諒對方，就能平靜地和對方相處了。

POINT

有些「評價體質」的人會因為太過不安，所以對任何枝微末節的小事都要做出判斷，才能生存。

人會對跟自己不同的想法，抱持著否定的自保意識

有些受過虐待的人，人生充滿了「創傷」或「小創傷」，這種人會從別人傳遞的各種訊息中尋找「危險的徵兆」。

因為過往的經驗，讓他們對於危險十分敏感。

他們往往覺得跟自己持有不同看法的人是「危險」的。所謂的跟自己持有不同看法，就是對自己的想法抱持著否定的要素，並從中感受到「危險的徵兆」。

因此，對於別人的舉動很容易做出負面的評價。

「為什麼他會有這麼偏差的想法？」

「別人也會有不同的想法，為什麼就不能讓他照自己的方式去做呢？」

會這樣想的人，其實他們內心深處很可能是傷痕累累的。

要是你能夠這樣想的話，對於這種人，就不會認為「真是個討厭的傢伙」了。

無論如何，當別人對你下了負面評價時，請不要認為：「都是因為我不好，所以才會被批評，」請把它視為「對方的問題」。對方會這樣說，只不過是反映出他自己的複雜人生罷了。

POINT

因為傷痛經驗而對危險變得敏感的人，容易對他人的舉動做出負面評價。

真正理解他人，拿掉自己的「小創傷」

本章的主旨是從「對方」的角度思考。

很多人會以為若想要不在意他人目光，就需要「停止在意對方」。然而實際上剛好相反。並不是「停止在意對方」，而是「在真正的意義上注意對方」，我們才能從在意「他人眼光」的心情中掙脫。

所謂的「真正注意對方」，是指觀察對方的狀況，並理解對方。

了解對方這麼說話的背景原因之後，就可以把「小創傷」造成的「他人是評價及傷害自己的存在」的有色眼鏡給拿掉。

在第七十頁提到了患有「在意他人眼光」的人，很少有真實的人際關係。但事實上，就算沒有生病的人也會有這種問題。

很多人在表面上維持著人際關係，但這並不是真正的「人際關係」。真正的「人際關係」，是既能傳達自己的心情、也能傾聽對方的心聲，達到心靈上的交流。

自己在一定程度上敞開心胸，對方也會不加保留地流露自身情感，當我們感受到這種連結時，既能覺得自己「被接受了」，也更容易接納對方。

這個道理在第六章會另外說明。

當我們在意「他人眼光」的時候，我們不會認為旁人的存在深具意義，只會覺得對方老是對我們做出判斷，非常討厭。我們沒辦法看出對方也是個雖然不完美、但仍然努力生活的人。

POINT

不是「停止在意對方」，重要的是「在真正的意義上理解對方」。

第六章

利用三個「連結」改變敏感的自己

連結：①對方、②自己，以及③現在

在前一章提到我們能夠以思考「對方」的事來放下在意「他人眼光」的心情。此外，第四章則提到以自己為主體來「感受」，這種方式同樣也可以放下。

兩種方法都是把在意「他人眼光」這件事區隔出來，然後藉由「連結」讓自己變得不去在意「他人眼光」。

第五章提到，當在意「他人眼光」時，我們在意的並不是真正的「對方」，而是在意由「小創傷」所塑造出來的「想像中的對方」如何看待自己。這和真正的對方是疏離的。

對方明明就在眼前，有著自己的思想，我們卻只是在腦中想著：

「他應該是這樣想的吧？」

「如果他這樣覺得的話，我該怎麼辦？」

這種時候，可以說對方是被區隔、疏離的。

另外，當我們在意「他人眼光」時，內心想的並不是自己的感覺，而是一味想著「我會被怎麼看待」，所以我們和自己的感受也分離了。

因為和自己的主軸斷掉連結的關係，我們會很不安定，對別人的話言聽計從。

當我們和自身的連結斷掉、同時也缺乏自信，就不會產生珍惜自己的心情。因為自信是從自我內心所湧現的。

因此，想要解決在意「他人眼光」的心情，關鍵字就是「連結」。

連結的對象是：①對方②自己，以及③現在。

所謂的跟「現在」連結，指的是珍惜「現在」的感受。

當受困於「他人眼光」時，我們經常會想著類似「只要瘦下來就好了」的念頭，而對當下視而不見，並且苦惱於「如果別人覺得我很〇〇怎麼辦」這類對未來的不安。

此外我們也可能會想到過去，會覺得「啊，我果然又像從前一樣被欺負了」。

而造成在意「他人眼光」的元兇「小創傷」，它本身就是過去的事物。

因為「小創傷」而使我們現在所見的事物，都以「他人可能會傷害我們」的觀點來看待，這就是在意「他人眼光」的心情。從這點來思考，就能知道為什麼過去的事會造成和現在的疏離了。

POINT

因在意「他人眼光」的心情而造成的疏離，可以用三個「連結」來修復。

接受「原本的自己」，就能傾聽與理解對方

我在心態療癒（Attitudinal Healing，也譯「心態治療」）的協會中擔任志工，方法主要是以「不做出任何評價只是傾聽他人說話」為療程。

當我們在聆聽他人說話時，絕大多數的時間是透過腦中的資料庫來傾聽判讀，而這個資料庫是經由過去的經驗而形成的。

若沒有這個資料庫，我們就無法完成「評價」這件事。

由於是透過資料庫聆聽，所以無法只是單純的聽對方說話（因為我們同時也在聆聽自己的思考）。

在心態療癒中，由於要改為聆聽對方的「現在」，因此當腦中有任何念頭浮現時，都要擱置在一旁，再次集中精神於對方的當下，反覆進行。

也就是說，藉由認同對方「原本的自己」，可以和①對方的③現在做連結，而感受到連結的同時，我們也能夠和②自己的③現在連結了。

如此一來，只要不是嚴重的「評價體質」的人，稍微練習一下，都能夠在相對快速的狀況下做到不去評價對方。

當我們做得到後，就不會去在意「他人眼光」了，而是能感受到溫暖的情緒。

POINT

接受「原本的自己」，就能產生三個「連結」。

三個「連結」不僅可改變自己，也能改變對方

就算我們認同對方「原本的自己」，但遭受批評或攻擊時，我們依舊會受傷，難以接受對方眼中的「自己」。

在這種時候，請試著想想第五章的內容。

對他人做出評價的人，都有著他們自己的背景因素。

無法認同別人「原本的自己」的人，同樣也無法認同「真正的自己」。這種人身上背負著太多的「小創傷」，會一直被評價牽著走，因此稍有一點小事便容易發出怨言。

別人對你的不當評價，請不要把它當成是「我被攻擊了」，如果把它視為「別人的怨言」，自己也比較容易諒解。

對於批評我們的人，也就是無法接受現狀而發出怨言的人，我們可以嘗試用以下的想法來接受對方：

「沒辦法，畢竟他也是有很多過去的人。」

「每天都充滿這種念頭，最辛苦的還是他自己吧。」

這種做法就是接受對方「原本的自己」。

事實上，這種做法正是一直批評我們的人最欠缺的體驗。

在接受對方「原本的自己」之後，對方身上也會開始產生變化。

不僅「評價體質」會漸漸淡去，也會開始理解「人人都有不同的過去」。

如此一來既可以用寬容的態度去看待對方，實際上最能感到解脫的也是他本人。

一想到對方「攻擊自己」就難過，而且「小創傷」也會增加。但如果能夠理解對方只是因為背負太多過往感到痛苦而發出怨言，那麼自己就不會受傷，反而能從容地接受。

甚至還會因此覺得對方很可憐，進而產生連結感。

養成這種態度之後，就能從長年以來抱持的「他人是評價及傷害自己的存在」中解脫。

因為你已經將其定義為「所謂的他人，是經常因為困擾而發出怨言的不完整個體」。

在聆聽別人說話時，盡量將資料庫放在一邊，集中於當下。當接觸到「評價體質」的人時，把對方的評論看成是「怨言」，就比較容易接受對方「原本的自我」。

當你能與對方產生「你的人生也是相當辛苦啊」的連結時，就可以放下在意「他人眼光」的心情了。

POINT

若可以接受攻擊你的對象其「原本的自己」並產生連結，對方就會改變，自己也能解脫。

試著完全展現「原本的自己」

「在意『他人眼光』的心情」和開誠布公、毫不隱瞞的心情是完全相反的。

但若不將自己完全公開的話，對方也無法做到對你毫不保留，因此難以知道對方到底在想些什麼。

不知道對方的心情，就沒法產生連結感，也無法修正「他人就是評價及傷害自己的存在」，結果惡性循環一再發生。

因此若想要修正這種想法，至少要努力展現出自我。

在人際關係療法中，這種做法會以強烈的形態出現。

比如將自己患有憂鬱症或是飲食障礙等疾病的事，坦白告訴家人或伴侶等親近的人，也就是將自己公開。

這是在傳達自己有病、需要幫助。

這麼做當然需要非常大的勇氣，很多人一開始會十分猶豫。然而在治療過程中，他們會漸漸地感到安心，並且培養出珍惜自己的情緒，如此一來就會想要「開誠布公」了。

在完全公開之後，只要被告知的那一方沒有什麼問題，通常都會接受這樣的自己。

當然也有些人會擔心說出疾病後，對方會覺得自己不是正常人而感到厭惡；然而實際上，通常大家會這樣說：

「沒想到你這麼坦率。」

「為什麼不早一點說出來呢？」

彼此的關係反而因此更加緊密了。

這種讓別人接受「原本的自己」的方法，具有非常良好的治療效果。

就算不是上述這類嚴重的事情，也請試著公開「原本的自己」。

當然，這需要慎選對象。

請勿選擇「評價體質」的人作為開誠布公的對象。

請選擇可以接受「原本的自己」的安全人選。

你可以和對方說明：「你只要聽就好了，不用給任何建議。」先營造安全的環境，如此一來，對方只要專心聽你說就好了。

POINT

開誠布公「原本的自己」，這樣的勇氣可以讓對方與你產生連結感。

不是所有人都有自信

我的其中一名個案是位口吃患者。

他對說不好話感到非常自卑，由於和人見面打招呼時都會口吃，因此他遇到人總是沉默無語。

被他視而不見的人，一定會感到不滿或難過吧。

我建議他：「傳達自己的情感是很重要的，下次你試著用笑容來打招呼如何？」

對方雖然吃驚，但仍然接受了我的提案。

結果周邊的人都很樂於見到他的改變，距離感一下子拉近了許多。

從這個案例我們可以了解，並非所有人都是從容有自信的。

也就是說，會在意「對方怎麼看待我」的不是只有你。

若我們完全不做任何反應，對方會擔心：「我是被討厭了嗎？」然而如果改用笑容和對方打招呼，就能明確傳達出好感，對方也會感到安心和高興。

當在意「他人眼光」時，我們無法注視到「真實的對方」，因此很容易誤以為：

「如果沒辦法好好說話，不如不要講。」

「像我這麼口拙，一定沒人要聽我說話。」

當我們這樣想的時候，就已經將對方和自己區隔開了。

POINT

會在意「對方怎麼看待我」的，不單是只有自己。

第七章

與自己外表相處的方法

（案例探討）

到目前為止談，我們討論了關於「他人眼光」的每個面向，不過當旁人見到自己時，第一眼一定是看外表。「像我這樣不好看的人，別人會怎麼想呢？」有些人會在意這樣的「他人眼光」。

本章透過案例來探討如何與「自己的外表」相處。

案例 1

我一直擔心「那些人是不是因為我的身材在嘲笑我」

最近在社群網路上，常可以見到「電車裡有個恐龍」、「這個死肥宅有夠礙眼」這一類的留言。更過分的是，除了這些中傷的話之外，還會把偷拍的照片上傳到網路上！

一想到自己也是恐龍或肥宅，不曉得在何時何地會被誰這樣辱罵，我就害怕的不得了。

①分析

大部分的人其實不那麼在意他人的外表。基本上會對旁人的長相說三道四的人，對自己的外表也非常在意。

確實也有些人會去嘲笑他人樣貌，但他們都是可憐人。我之所以說這種人「可憐」，是因為他們的人生太空虛了。他們不知道人生有更多比外貌重要的事。

②解決法

站在相反的立場，若是你看到他人的身材不好，會因此嘲笑對方嗎？不會對吧，那是因為外表不是自己能夠選擇的。

嘲笑別人的人，其實他們的舉止非常可悲。因為他們不知道更重要的事，所以只能嘲笑他人。你只要覺得對方「很可憐」就好了。請好好珍惜自己善體人意的心。

案例 2

除了美美的「自拍」或大頭貼之外，我不能接受自己不好看的模樣……

自拍和拍貼機可以控制如何拍出最美的角度，不滿意的話還能夠一再重來；相較之下，從街道櫥窗中映出來的臉孔真是醜到不行啊……。

這樣的落差讓人太難受了，所以我無法把口罩拿下來。

①分析

「自拍」時讓自己變可愛的神奇技巧、以及拍貼機的照片加工，這些做為好玩是沒問題的；但由於在一定程度上可以實現自己變美的願望，所以跟真實的自己越離越遠。

②解決法

有關這個問題，可以用「現在這樣就很好了」的想法來解決。

現代有許多年輕人因為外貌的緣故而戴著口罩，我認為這顯示出他們心中或多或少都有希望能隱藏自己的想法。但如果口罩能夠提供他們安心的感覺，這樣也未嘗不可。

比起「不脫下口罩」，嘗試將注意力放到「戴著口罩能做的事」如何？這樣可以慢慢地增加自己的自信，如此一來，總有一天可以脫下口罩的。

案例 3

隨著年紀增長而害怕失去「現在的美貌」

當法令紋變得明顯、白髮東一根西一根地冒出來時，我開始害怕不再貌美的自己。一想到變老只有壞處、沒有好處，就感到十分傷心。

①分析

只要是人都會變老，變化不管對誰來說都是壓力，而偏偏老化又是不可逆的。

然而，變化不是只有負面的，它也有好的一面。

②解決法

變老這件事真的是只有壞處，沒有好處嗎？累積而來的社會經驗、跟一起變老的人彼此間的認同感，都讓人覺得溫馨。

如果將大多數人都懼怕的「老化」，稍微切換角度來思考如何？

人類是生物，所以一定會變老。既會長出白髮、法令紋也會越來越明顯，不要懼怕這個變化，而是要將它視為相對應的成長。

若是眼前有個對你投以負面眼光的年輕人，可以用「畢竟還不成熟所以不懂嘛，你們總有一天也會變老」的心情來看待。

「因為老了所以沒辦法做這種事……」

「已經不能穿這種衣服了……」

請試著不要把變老當成理由來自我設限，如此一來「喪失感」會逐漸減少的。

外表帥氣的老年人的確是存在的：穿著和服展現優雅風貌的人、風格大膽的歐美人、隨著年齡增長氣質越來越好的人……只要嘗試尋找，你就可以發現自己的典範。我也在試著努力成為那樣的人。

案例 4

持續尋找能隱瞞缺點的化妝品，無法改變自己是「化妝品購物狂」

從青春期開始我就很煩惱自己的皮膚不夠白晰，為了解決這個問題，開始找尋適合自己的化妝品，結果一發不可收拾（通稱化妝品購物狂）。

當找到合適的產品時，我會想著「既然這個這麼有用，一定有比它更好的產品」，因而陷入「我想要更多、還要再多」的無止盡追求中。

①分析

本書前面已經提過，每個人都有自己的情況，像是天生的體質、皮膚的狀態等等，很多都是自己無法選擇的。而且就算是相同的肌膚狀態，也會有很在意的時候和沒那麼在意的時候。

不過，在意自己的缺點，其實能夠做為生活中的指標。

②解決法

當想法變成「我想要更多、還要再多」時，應該是人生不順利的時刻。背景原因並不見得是皮膚不好，而是和某人處得不好、失去目標等其他方面的問題。

因此當自己瘋狂購買化妝品時，應該重新檢視自己的生活，找出不安或是壓力來源。

並不是「皮膚不好所以不順利」，而是「因為不順利所以會在意皮膚問題」，當你能夠這樣想，就會開啟新的視野。若解決了真正的問題，也就不會對化妝品過度追求了。

此外，當壓力過大時，重要的不是化妝，而是要抽出空檔讓自己放鬆，像是泡澡之類的，讓自己的身心真正舒坦。

第八章

因為在意「他人眼光」而變得綁手綁腳（案例探討）

最近像是「五種工作能力不好的特徵」、「讓人討厭的五句話」等話題變得十分流行。我覺得過度壓抑自己的行動，老是想著「不要讓人覺得工作能力差」、「不想被人討厭」的人變多了。

只要不觸犯法令，原本可以自由自在的行動，但卻因為在意「他人眼光」而綁手綁腳，有這種感覺的人是不是很多呢？

本章想要帶大家來看看一些案例。

案例 5

無論做什麼都會想到「別人會不會覺得我是希望得到認同才做的」，結果最後什麼都做不了

在夜晚寄出工作信件時我會想到：「如果別人覺得我只是要證明自己工作認真該怎麼辦？」當想要和人抱怨不喜歡自己的長相時，我也會想到：「如果別人以為我只是想要討拍、聽好話，那該怎麼辦？」在電車上讀財經書籍時，也會想到：「別人會不會覺得我只是假掰想表現優越感……」我也不知道自己為什麼會那麼心神不寧。

①分析

其實上面的所有行為都是再自然不過的事。晚上寄出工作信件、想要抱怨自己的長相，都是正常的。而大家也知道閱讀的自由是隨時都有的。

我在讀完前述的諮商信件後，覺得這名患者似乎完全沒有為自己而活，只是活在他人的眼光裡。

另外還有一點讓我很在意，就是原因很可能來自於最近以霸凌為主的社會風氣也不一定，真心希望這種時代快點過去。

②解決法

雖然我這麼想，但時代暫時無法改變。如果真的擔心，在晚上寄信時，多加一句「我本來想早一點寄的，但一時忘了」之類的話，或許就可以減少擔心的感覺了吧。或者是在想要抱怨自己的長相時，先跟對方說：「我只是想要抱怨而已，你不用安慰我唷。」如果覺得財經書籍會讓你不好意思，那麼就用書套包起來吧。

但這些做法只是「為了生存在這個世上的對症療法」，在本質上，還是希望他拿出一點勇氣，成為改變這種文化的人。

案例 6

不能說「我容易緊張」、「我很不擅長社交」這一類的自我保護用語？

為了不要讓對方覺得我在溝通方面很不在行，我往往會先聲明「我很不會說話唷」。我的本意是表達歉意，讓對方不要太過期待，結果卻被朋友指責我的做法是在逃避「就算讓場面變僵也不是我的問題」。是不是真的不要使用這種「自我保護用語」比較好呢？

①分析

朋友做出「逃避」這個評價是很過分的單方面認定。搞不好那位朋友也是「評價體質」的人呢。不用全盤接受他的意見，只要回答他「說的也是呢」就好，跟對方保持距離吧。

②解決法

如果想要使用「自我保護用語」，最好也思考一下該怎麼說比較好。

「因為我很容易緊張，所以如果場面有點冷，先跟你說聲抱歉。」

「我不擅長社交，可能不太會說話，真不好意思。」

如果能夠這樣說，就不是想要逃避「我的問題」，反而是「將自己毫不保留地公開」。

搞不好對方的反應會是：「才沒這一回事呢，其實我也……。」

案例 7

在發言時為了避免被貼上標籤，沒辦法自由表達

當我舉出喜歡的書或是欣賞的文化人時，會被揶揄：「真是個文青啊。」我很討厭被別人亂貼標籤。正因為如此，在說話前我都會先預設「這樣的話應該不會被貼標籤吧」，但內心反而很不好受。

① 分析

「貼標籤」是非常嚴重的心理暴力。

因為這是把別人「原本的自己」任意定義為自己的想法。

為什麼對方會做出這種事呢？我覺得很可能是因為那個人「想要有

安全感」的緣故。對自己而言很難理解的事，如果將它定義成「〇〇類型」，就會安心許多。但最應該好好聽人說話的就是他自己。

② 解決法

你與對方的距離應維持在哪個限度，其實是非常重要的判斷。當被對方貼了好幾次標籤之後，就應該要去判斷：

「跟這個人說這類的話會很危險。」

「跟這個人聊天聊到這種程度就夠了。」

不用覺得自己做得不夠好，當遇到想法比自己膚淺的人時，把這種做法視為彼此的界線就可以了。

案例 8

我一個人很自在，並不需要別人同情我「好孤單」、「朋友很少」

我的嗜好是美食，所以常常一個人去餐廳。但是我最討厭情侶或是一家人、姐妹淘等小團體用同情的眼光說：「那個人自己一人吃不孤單嗎？」、「沒有跟朋友一起耶。」我真的很不想在被注視下喝咖啡、吃甜點，但總是會因為有所顧忌而無法大吃一頓。

① 分析

就算有人投以同情眼光，那也只是因為對方的眼光狹隘。你可以想成對方不懂一個人的自在就好。做自己想做的事而得到的充實感，是其他事物難以代替的，這跟有沒有朋友、或者是否孤單沒有關係。雖然有些人無法忍受沒朋友，但這個案例是可以享受獨處樂趣的人。

②解決法

對於眼中只有「結伴同行」的人而言，一個人吃飯的確是「孤伶伶」的事。然而放眼望去，世界上有許多人都是單獨吃飯，完全不是壞事。

對於這些無法單獨行動的人，你可以想著你的行為正是在證明一個人有多自在；事實上，能夠不受他人左右做自己的事，對一個獨立的人而言，也是非常棒的。

案例 9

因為「條件」很差，所以不想要談戀愛

我長得不好看、個子又矮、學歷低收入也低，再加上出身不富裕，因此我是所謂的魯蛇，雖然我也很想當個眾所矚目的高富帥，但因為各方面條件都差，所以連跟異性講話的心情都沒有。

① 分析

當把人用「規格」來看待時，就已經進入了「小創傷」的世界。

人就是人，不是物品。電腦可以用零件代換讓性能變得更好，但是人類各自的過往會有「無論如何也改變不了的東西」，因此無法用「規格」的概念去代入。

② 解決法

想要解決，就要先脫離用「條件」來看世界。請先停止想成為「三高」或是交到「高富帥、白富美」男／女朋友的想法。

不要把自己或別人視為物品看待。

誠實的生活、找出交心的朋友、對人再親切一點等等，試著做出物質條件做不到的事吧。誠實又親切的人品，比起出身來得更重要。解決的方法應該就在其中吧。

案例 10

害怕被說三道四，對於離婚猶豫不決

夫妻間的關係已經完全降至冰點，但考慮到周遭親友的反應，仍然沒有離婚。雖然若能不在乎社會看法、用自己的方式生活最輕鬆，但由於目前為止的人生還算順遂，所以不想因為離婚而讓人生傷痕累累。

①分析

談到離婚當然會因為許多事讓自己的心受到傷害，但離婚本身完全不是「傷痕」，只是人生選項之一罷了。若是選擇了離婚，代表了「一帆風順」的定義也依照自己的判斷有所改變。

其實所謂的「由於目前為止的人生還算順遂，所不想因為離婚而讓人生傷痕累累」，只不過是「他人眼光」的看法而已。

②解決法

如果自己的朋友因為「考慮到眾人眼光所以無法離婚」，一籌莫展，過著壓力極大的生活，你會說什麼呢？

「因為對你的人生會造成傷害，所以不要離婚，」你會這麼說嗎？會走到離婚這一步一定有著許多原因。原本希望今後可以共度一生的兩人，隨著時間流逝而分道揚鑣，這也是無可奈何的。

若是親密好友離了婚，我覺得不用將它視為「傷害」，只要在艱難時期支持對方就好了。

「眾人」是大家的集合體。「評價體質」的人也許會對離婚說些不夠深謀遠慮的話，但是這種人並不能夠代表「眾人」。希望大家的人生不要被這種人趁虛而入了。

第九章

找回「不在意他人眼光」的快樂人生

放下在意「他人眼光」的心情，讓視野更廣闊

當在意「他人眼光」時，我們的人生只看得見「自己如何被他人看待」這一點。可以說，這時的我們看不見實際的對方和自己本身。

就像是深度近視的人沒戴眼鏡，只能盯著很近的某點生活一樣，看不見周圍廣闊的真實世界。

放下在意「他人眼光」的心情，視野會突然變得遼闊。

其中有一部分內容已經在書中提過了。

對方也是擁有很多過去的人、有著許多心事、有很多即使再怎麼努力也達不到的事……你會看見對方也擁有深沉的過往。

此外，你也能看到更深層的自己。

當在意「他人眼光」時，我們常常會「尋找自己不足的部分」，對自己做出負面的評價。

一直確認自己看起來如何、為了不要被別人批評而去迎合他人，花費大量的心神和精力，結果無法注意到自己的內在力量。

一百七十四頁我介紹過，「心態療癒」的練習可以讓自己注意到我們的內在也有溫暖的心。

透過「資料庫」聆聽對方說話，會容易做出評價，因而沒法注意；但如果不去理會「資料庫」、只是專注聆聽，自己內心的溫暖就會湧出，並感受到與對方的連結。

這種溫暖當然也適用於自己。仔細聆聽之後，你就會產生「能當人真好啊」的感想。

POINT

放下在意「他人眼光」的心情，視野會突然變得遼闊。

我們的內在擁有選擇的力量

要過著被「他人眼光」束縛的生活或是拒絕這樣的生活，都是個人的選擇。

但是在「他人眼光」的束縛下生活，不只人生的視野會變得狹窄與痛苦，也不會注意到自己內在旺盛的力量，我覺得這一點相當可惜。

此外，如果一直無法放下「他人是評價及傷害自己的存在」這樣的念頭，也會讓生活非常不開心。

若注意到了自己內在豐富的力量，而與那股力量相連結時，也會和各式各樣的事物（對方、持有的物品、食物、製作出這些東西的人）連結，人生就會變得寬廣，注意到至今沒有發現的多元面向。

這就像深度近視的人，第一次戴上眼鏡，視野變得清晰鮮明。

仔細想想，在接收「小創傷」的過程中，我們一直被灌輸「你不過就是這種程度的人」。但這並不是因為我們自己的特性而被定義，只不過是反映出「評價體質」的人他們自己的「小創傷」罷了。

你要跟隨這種念頭、也就是讓自己和他人一樣陷入「小創傷」的連鎖，還是要毅然踏出新的一步與真正的自我接觸？我希望你知道自己的內在擁有選擇的力量。

POINT

你擁有離開「小創傷」的能力。

開誠布公是化解自我防衛的好方法

人本來是善良的。

然而一旦受到強烈的「小創傷」影響，就會強化「他人是評價及傷害自己的存在」這樣的觀念，而「不小心脫口而出的人」、「評價體質」的人更強化了這件事。

這些人並不是「不善良」，他們本來應該是善良的，只是因為經歷了很多事，所以才做出了不善良的舉動。

當然我們無法代替對方來解決他們的問題，所以在現階段感受不到他們原本的「善良」。

但如果好好的傾聽，理解對方的話語，把「攻擊的語言」視為「心中的哀號」，這樣就算感受不到對方的「善良」，至少能感覺到對方「也是拚命在活著的」。

如此一來，你也能了解對方那些傷害自己的言行舉動，是因為想要努力活著才會做出這種事，並不是以傷害自己為目的。

如果你用「我被攻擊了」的想法去反擊對方，並且將自己的行為正當化，那麼對方也會反擊你並且正當化自己的行為。但是如果你用「原來對方這麼辛苦」的體貼觀點來看待對方，對方攻擊的力道就會變弱，你也會看到他善良的一面。

至少不會被激化了。

放下在意「他人眼光」的心情，就是將自己開誠布公。

例如，就算只是傳達出你很在意「他人眼光」這件事，也是相當程度的公開自己。

如此一來，就會出現跟你一樣在意「他人眼光」的人，你們會互相產生連結，而其他親切的人也會逐漸出現。

為了接觸到對方的善良，不要只是被動等待，轉換視點坦誠公開自己，會非常有效果。

這是因為人原本是善良的生物，只是因為自我防衛所以沒有發揮出來。

對於認為表達自我依舊會受傷的人，只要給他們「就算開誠布公也沒問題」的安全感，他們就會讓你看到自己善意的一面。

因此毫不保留的主動坦誠自己，是非常有效的方法。只是對於「評價體質」的人，不如轉換成聆聽「內心的哀號」，會比開誠布公更安全一點。

POINT

為了接觸對方原本的善良，需要轉換自己的視點，開誠布公是最有效的方法。

擴大活動範圍，逐漸放下「在意他人眼光」

在意「他人眼光」的心情嚴重限制了我們的行動。

例如在意身材的人，想著「明明只要能瘦下來就可以〇〇」時，同時也會因為「瘦不下來的現在沒辦法〇〇」而綁手綁腳。

又或者認為「明明只要再善於社交一點，我就能更活躍了」的人，其實也是想著「現在對社交沒有自信，所以沒勇氣出席活動聚會」。

只要能夠放下在意「他人眼光」的心情，就能拋開這些行動限制。

「雖然還沒瘦下來，但想要做○○就去做吧。」

「雖然對社交沒自信，但還是試著多露臉吧。」

用這種想法來增加活動範圍。

如此一來自然就可以多參與活動、擴展視野，也可以增加更多和其他人接觸的機會，最後就能放下在意「他人眼光」的心情了。

如此一來，我們就能從「與現在做連結」的觀點來看待事物。

當覺得「明明只要能瘦下來就可以○○」時，其實就等於「在瘦下來之前，我的人生是有所保留的」。

真正的人生要在瘦下來之後才開始，那之前的人生算什麼呢？這就是「被未來取代的現在」。

「明明只要再善於社交一點，我就能更活躍了」也是一樣的道理。如果真正的人生要在擁有自信後才能開始，那麼人生就永遠不會開始。

這是因為對社交感到自信的自己，只存在於「現在」。

從現在起，慢慢地坦誠自己、慢慢地感受與他人的連結，長久累積之下，就會產生「對社交有自信的未來」，也就是「對能夠社交的自己產生正向感受的未來」。

「未來」並不是獨立存在的，而是逐漸累積，由一點一滴的「現在」而形成。

POINT

放下在意「他人眼光」的心情，活動範圍就會變寬廣，一旦活動範圍擴大，就更加不會在意他人眼光。

當強烈地在意「他人眼光」時，就是治療自己的時刻

其實在意「他人眼光」的心情並非永久不變的。人生的某些時期我們會很在意「他人眼光」，而在一些小事上，也會有「強烈感到在意」和「沒有這麼在意」的時候。

整體來說，當壓力很大時，在意「他人眼光」的心情會特別強烈。

如同本書所見，所謂的在意「他人眼光」，反應的是自身缺乏自信和對自我的感覺。

當對自己的感覺很差、或是十分不安的時候，我們就會理所當然的在乎「他人眼光」。

因此，當自己強烈感覺到在意「他人眼光」，可以試著想想：「我現在有什麼樣的壓力？為什麼會對自己產生厭惡？」

這裡是命運的分岐點。

若陷入沒有自信的漩渦裡，會更容易讓自己受到傷害。

POINT

當在意「他人眼光」時，就是在尋求自我治療的時候。把它當成壓力的指標好好活用吧。

給在意「他人眼光」的青春期

青春期是很容易在意「他人眼光」的時期。

這個時期因為身體產生變化，同時還要確認已經能離開父母獨立，會特別在意「自己」。

此外，這個時期也是女生開始組織「小團體」的時期。大概從小學高年級開始，各個小團體就會出現，而且會萌生排擠非我族類的傾向。

雖然這也是建立自己的一種社會經驗，但對於不適應人際關係模式的人來說會很痛苦。

在這種時候常有「我覺得別人好像都在偷偷說我什麼，而且嘲笑我」的感受，大人可能會反駁「不用那麼在意別人的事，你想太多了」，但事實上青春期的孩子的確很容易偷偷訕笑。

也可以說，他們真的很在意其他人的事，想要把不是同一國的人趕走。

對運動很熱中的人不太會有這種傾向，這是因為他們實際上並不太在意別人的事。

當「自己」的意識出現時，也會去在意「他人」。這樣想的話，就比較容易理解了。

青春期被人在背後嘲笑、甚至是遭人排擠，長大之後在人際關係上也可能受到傷害。

事實上，長大之後因為有更多要做的事，所以不會那麼在意他人。相對來說，如果一直很在意他人而聚集起來嘲笑對方，這種行為會被認為十分幼稚而且不適當，因此被大家討厭。

然而，如果把青春期的人際關係模式當成「人類的本性」，那麼就算長大成人，還是會一直在意「他人眼光」。

這樣一來，就算是完全沒關係的旁人，也會很在意他們「不曉得怎麼看我」。

青春期的環境有時是很殘酷的。

如果是大人的話，若覺得自己跟環境不合還可以嘗試去改變，但青春期基本上一定是待在父母身邊，而學校也是無法改變的環境。

學校是隔絕於社會之外的孤立空間，在學校裡感到痛苦的孩子們孤立無援，絕望更加深沉。

因此當遇到了「他人眼光」的問題，產生了「為什麼自己處在這麼痛苦的環境」的念頭，請務必要跟可以信賴的大人聊一聊。

這些大人可能是你的父母，也可能不是。

最好不要找「評價體質」的人商量，如果跟「評價體質」的人說了之後，對方很可能會說：

「你是不是想太多了。」

「這種事自己解決吧。」

我認為應該要找商量時感覺安心、能夠體諒自己的大人，或者是去問那個大人該找誰聊才好。

「只要長大以後就不會發生這種事了唷。」

「雖然這是青春期獨有的現象，但因為會讓你心情不好，所以跟學校保持一點距離如何？」

就連每個人對於「在意他人眼光」的定義也不同。

POINT

青春期是很容易在意「他人眼光」的時期。當覺得痛苦時，離開學校這個封閉的空間，去找可以商量的大人談話吧。

後記

各位是如何把這本書看完的呢？

看了書中各式各樣的案例，就會覺得在意的與其說是「他人眼光」，還不如說是「腦海中想像的『他人眼光』」。經歷了各種「小創傷」後，自己的腦中彷彿就聽到了「如果我這樣做的話，別人會不會覺得我很○○呢」。

當然，「評價體質」的人一定是存在的，而且你也常會因為別人的一句話而感到受傷對吧。但是只要捫心自問：「如果換成是我自己的話，會說出這樣的話嗎？」漸漸地你就會覺得，需要治療的是「在腦海中所想像的『他人眼光』」；也就是說，需要處理並不是「我怕別人認為我很○○，雖然我很想那樣做，但還是忍過去吧」，而是要注意「啊，原來這就是我腦子裡存在的『他人眼光』啊」，然後慢慢地去治療自己。

讀了本書之後大家就會明白，在意「他人眼光」這件事，很明顯是將自己的人生給束縛住了。

因為無論做什麼事，腦子裡都會像有個煞車器在運作一樣，不停想到「雖然自己很清楚，但如果被別人認為很○○的話怎麼辦」。

既然生而為人，人生就應該好好享受才對。

相信很多人都有著同樣的煩惱，因此從本書的內容中可以明顯地看到各種案例。

看到悠悠哉哉的人，應該有很多人心裡會覺得：「真羨慕啊，我好想變成那種人唷。」這是因為你也察覺到：「對啊，如果我也放鬆一下應該不錯。」

「大家都要一樣」的觀念只不過是學生時代的價值觀，長大成人之後，就要能夠接受人的多樣性。

雖然現代社會霸凌橫行，但如果放下在意「他人眼光」的心情，其實也是在傳遞「停止這個霸凌的社會」的訊息。

多元性是好的、跟別人不同是好的。你想成為傳遞這種訊息的發聲者嗎？我也想藉由這本書把這樣的心情傳遞出去。

最後，衷心感謝為本書編輯盡心盡力的光文社須田奈津妃女士。

人生顧問366

那些傷人的話都不是真的

他們喜歡酸你，是因為他們有問題！遠離惱人的負面攻擊，找回不再被人際關係傷害的自己

「他人の目」が気になる人へ 自分らしくのびのび生きるヒント

作者	水島廣子
譯者	呂丹芸
主編	陳怡慈
校對	Mimi Wu
執行企劃	林進韋
封面設計	陳恩安
內頁排版	SHRTING WU
董事長	趙政岷
出版者	時報文化出版企業股份有限公司 108019 台北市和平西路三段240號一至七樓 發行專線｜02-2306-6842 讀者服務專線｜0800-231-705｜02-2304-7103 讀者服務傳真｜02-2304-6858 郵撥｜1934-4724 時報文化出版公司 信箱｜10899臺北華江橋郵局第99信箱
時報悅讀網	www.readingtimes.com.tw
電子郵件信箱	ctliving@readingtimes.com.tw
人文科學線臉書	www.facebook.com/jinbunkagaku
法律顧問	理律法律事務所｜陳長文律師、李念祖律師
印刷	勁達印刷有限公司
初版一刷	2019年6月14日
初版四刷	2022年12月2日
定價	新台幣300元

時報文化出版公司成立於一九七五年，並於一九九九年股票上櫃公開發行，於二〇〇八年脫離中時集團非屬旺中，以「尊重智慧與創意的文化事業」為信念。

ISBN 978-957-13-7827-5 ｜ Printed in Taiwan

那些傷人的話都不是真的：他們喜歡酸你，是因為他們有問題！遠離惱人的負面攻擊，找回不再被人際關係傷害的自己／水島廣子 著；呂丹芸 譯. – 初版. – 臺北市：時報文化, 2019.06｜ 面；14.8x21公分. – (人生顧問；366)｜譯自：「他人の目」が気になる人へ 自分らしくのびのび生きるヒント｜ISBN 978-957-13-7827-5（平裝）｜1.人際關係 2.社會心理學 ｜541.76｜108008109